T&P BOOKS

TSJETSJEENS

WOORDENSCHAT

THEMATISCHE WOORDENLIJST

NEDERLANDS TSJETSJEENS

De meest bruikbare woorden
Om uw woordenschat uit te breiden en
uw taalvaardigheid aan te scherpen

7000 woorden

Thematische woordenschat Nederlands-Tsjetsjeens - 7000 woorden

Door Andrey Taranov

Woordenlijsten van T&P Books zijn bedoeld om u woorden van een vreemde taal te helpen leren, onthouden, en bestudering. Dit woordenboek is ingedeeld in thema's en behandelt alle belangrijk terreinen van het dagelijkse leven, bedrijven, wetenschap, cultuur, etc.

Het proces van het leren van woorden met behulp van de op thema's gebaseerde aanpak van T&P Books biedt u de volgende voordelen:

- Correct gegroepeerde informatie is bepalend voor succes bij opeenvolgende stadia van het leren van woorden
- De beschikbaarheid van woorden die van dezelfde stam zijn maakt het mogelijk om woordgroepen te onthouden (in plaats van losse woorden)
- Kleine groepen van woorden faciliteren het proces van het aanmaken van associatieve verbindingen, die nodig zijn bij het consolideren van de woordenschat
- Het niveau van talenkennis kan worden ingeschat door het aantal geleerde woorden

T&P Books Publishing
www.tpbooks.com

ISBN: 978-1-78492-328-0

Dit boek is ook beschikbaar in e-boek formaat.
Gelieve www.tpbooks.com te bezoeken of de belangrijkste online boekwinkels.

TSJETSJEENSE WOORDENSCHAT
nieuwe woorden leren

T&P Books woordenlijsten zijn bedoeld om u te helpen vreemde woorden te leren, te onthouden, en te bestuderen. De woordenschat bevat meer dan 7000 veel gebruikte woorden die thematisch geordend zijn.

- De woordenlijst bevat de meest gebruikte woorden
- Aanbevolen als aanvulling bij welke taalcursus dan ook
- Voldoet aan de behoeften van de beginnende en gevorderde student in vreemde talen
- Geschikt voor dagelijks gebruik, bestudering en zelftestactiviteiten
- Maakt het mogelijk om uw woordenschat te evalueren

Bijzondere kenmerken van de woordenschat

- De woorden zijn gerangschikt naar hun betekenis, niet volgens alfabet
- De woorden worden weergegeven in drie kolommen om bestudering en zelftesten te vergemakkelijken
- Woorden in groepen worden verdeeld in kleine blokken om het leerproces te vergemakkelijken
- De woordenschat biedt een handige en eenvoudige beschrijving van elk buitenlands woord

De woordenschat bevat 198 onderwerpen zoals:

Basisconcepten, getallen, kleuren, maanden, seizoenen, meeteenheden, kleding en accessoires, eten & voeding, restaurant, familieleden, verwanten, karakter, gevoelens, emoties, ziekten, stad, dorp, bezienswaardigheden, winkelen, geld, huis, thuis, kantoor, werken op kantoor, import & export, marketing, werk zoeken, sport, onderwijs, computer, internet, gereedschap, natuur, landen, nationaliteiten en meer ...

INHOUDSOPGAVE

Uitspraakgids 10
Afkortingen 12

BASISBEGRIPPEN 13
Basisbegrippen Deel 1 13

1. Voornaamwoorden 13
2. Begroetingen. Begroetingen. Afscheid 13
3. Kardinale getallen. Deel 1 14
4. Kardinale getallen. Deel 2 15
5. Getallen. Breuken 15
6. Getallen. Eenvoudige berekeningen 16
7. Getallen. Diversen 16
8. De belangrijkste werkwoorden. Deel 1 16
9. De belangrijkste werkwoorden. Deel 2 17
10. De belangrijkste werkwoorden. Deel 3 18
11. De belangrijkste werkwoorden. Deel 4 19
12. Kleuren 20
13. Vragen 21
14. Functiewoorden. Bijwoorden. Deel 1 21
15. Functiewoorden. Bijwoorden. Deel 2 23

Basisbegrippen Deel 2 25

16. Dagen van de week 25
17. Uren. Dag en nacht 25
18. Maanden. Seizoenen 26
19. Tijd. Diversen 28
20. Tegenovergestelden 29
21. Lijnen en vormen 30
22. Meeteenheden 31
23. Containers 32
24. Materialen 33
25. Metalen 34

MENS 35
Mens. Het lichaam 35

26. Mensen. Basisbegrippen 35
27. Menselijke anatomie 35

28. Hoofd 36
29. Menselijk lichaam 37

Kleding en accessoires 38

30. Bovenkleding. Jassen 38
31. Heren & dames kleding 38
32. Kleding. Ondergoed 39
33. Hoofddeksels 39
34. Schoeisel 39
35. Textiel. Weefsel 40
36. Persoonlijke accessoires 40
37. Kleding. Diversen 41
38. Persoonlijke verzorging. Schoonheidsmiddelen 41
39. Juwelen 42
40. Horloges. Klokken 43

Voedsel. Voeding 44

41. Voedsel 44
42. Drankjes 45
43. Groenten 46
44. Vruchten. Noten 47
45. Brood. Snoep 48
46. Bereide gerechten 48
47. Kruiden 49
48. Maaltijden 50
49. Tafelschikking 51
50. Restaurant 51

Familie, verwanten en vrienden 52

51. Persoonlijke informatie. Formulieren 52
52. Familieleden. Verwanten 52
53. Vrienden. Collega's 53
54. Man. Vrouw 54
55. Leeftijd 54
56. Kinderen 55
57. Gehuwde paren. Gezinsleven 55

Karakter. Gevoelens. Emoties 57

58. Gevoelens. Emoties 57
59. Karakter. Persoonlijkheid 58
60. Slaap. Dromen 59
61. Humor. Gelach. Blijdschap 60
62. Discussie, conversatie. Deel 1 60
63. Discussie, conversatie. Deel 2 61
64. Discussie, conversatie. Deel 3 63
65. Overeenstemming. Weigering 63
66. Succes. Veel geluk. Mislukking 64
67. Ruzies. Negatieve emoties 65

Geneeskunde 67

68. Ziekten 67
69. Symptomen. Behandelingen. Deel 1 68
70. Symptomen. Behandelingen. Deel 2 69
71. Symptomen. Behandelingen. Deel 3 70
72. Artsen 71
73. Geneeskunde. Medicijnen. Accessoires 71
74. Roken. Tabaksproducten 72

HET MENSELIJKE LEEFGEBIED 73
Stad 73

75. Stad. Het leven in de stad 73
76. Stedelijke instellingen 74
77. Stedelijk vervoer 75
78. Bezienswaardigheden 76
79. Winkelen 77
80. Geld 78
81. Post. Postkantoor 79

Woning. Huis. Thuis 80

82. Huis. Woning 80
83. Huis. Ingang. Lift 81
84. Huis. Deuren. Sloten 81
85. Huis op het platteland 82
86. Kasteel. Paleis 82
87. Appartement 83
88. Appartement. Schoonmaken 83
89. Meubels. Interieur 83
90. Beddengoed 84
91. Keuken 84
92. Badkamer 85
93. Huishoudelijke apparaten 86
94. Reparaties. Renovatie 87
95. Loodgieterswerk 87
96. Brand. Vuurzee 88

MENSELIJKE ACTIVITEITEN 90
Baan. Business. Deel 1 90

97. Bankieren 90
98. Telefoon. Telefoongesprek 91
99. Mobiele telefoon 91
100. Schrijfbehoeften 92

Baan. Business. Deel 2 93

101. Massamedia 93
102. Landbouw 94

103. Gebouw. Bouwproces 95

Beroepen en ambachten 97

104. Zoeken naar werk. Ontslag 97
105. Zakenmensen 97
106. Dienstverlenende beroepen 98
107. Militaire beroepen en rangen 99
108. Ambtenaren. Priesters 100
109. Agrarische beroepen 100
110. Kunst beroepen 101
111. Verschillende beroepen 101
112. Beroepen. Sociale status 103

Sport 104

113. Soorten sporten. Sporters 104
114. Soorten sporten. Diversen 105
115. Fitnessruimte 105
116. Sporten. Diversen 106

Onderwijs 108

117. School 108
118. Hogeschool. Universiteit 109
119. Wetenschappen. Disciplines 110
120. Schrift. Spelling 110
121. Vreemde talen 111
122. Sprookjesfiguren 112
123. Dierenriem 113

Kunst 114

124. Theater 114
125. Bioscoop 115
126. Schilderij 116
127. Literatuur & Poëzie 117
128. Circus 117
129. Muziek. Popmuziek 118

Rusten. Entertainment. Reizen 120

130. Trip. Reizen 120
131. Hotel 120
132. Boeken. Lezen 121
133. Jacht. Vissen. 123
134. Spellen. Biljart 124
135. Spellen. Speelkaarten 124
136. Rusten. Spellen. Diversen 124
137. Fotografie 125
138. Strand. Zwemmen 126

TECHNISCHE APPARATUUR. VERVOER 128
Technische apparatuur 128

139. Computer 128
140. Internet. E-mail 129

Vervoer 130

141. Vliegtuig 130
142. Trein 131
143. Schip 132
144. Vliegveld 133
145. Fiets. Motorfiets 134

Auto's 135

146. Soorten auto's 135
147. Auto's. Carrosserie 135
148. Auto's. Passagiersruimte 136
149. Auto's. Motor 137
150. Auto's. Botsing. Reparatie 138
151. Auto's. Weg 139

MENSEN. GEBEURTENISSEN IN HET LEVEN 141
Gebeurtenissen in het leven 141

152. Vakanties. Evenement 141
153. Begrafenissen. Begrafenis 142
154. Oorlog. Soldaten 142
155. Oorlog. Militaire acties. Deel 1 144
156. Wapens 145
157. Oude mensen 146
158. Middeleeuwen 147
159. Leider. Baas. Autoriteiten 149
160. De wet overtreden. Criminelen. Deel 1 149
161. De wet overtreden. Criminelen. Deel 2 151
162. Politie. Wet. Deel 1 152
163. Politie. Wet. Deel 2 153

NATUUR 155
De Aarde. Deel 1 155

164. De kosmische ruimte 155
165. De Aarde 156
166. Windrichtingen 157
167. Zee. Oceaan 157
168. Bergen 158
169. Rivieren 159
170. Bos 160
171. Natuurlijke hulpbronnen 161

De Aarde. Deel 2 162

172. Weer 162
173. Zwaar weer. Natuurrampen 163

Fauna 164

174. Zoogdieren. Roofdieren 164
175. Wilde dieren 164
176. Huisdieren 165
177. Honden. Hondenrassen 166
178. Dierengeluiden 167
179. Vogels 167
180. Vogels. Zingen en geluiden 168
181. Vis. Zeedieren 169
182. Amfibieën. Reptielen 170
183. Insecten 170
184. Dieren. Lichaamsdelen 171
185. Dieren. Leefomgevingen 171

Flora 173

186. Bomen 173
187. Heesters 173
188. Champignons 174
189. Vruchten. Bessen 174
190. Bloemen. Planten 175
191. Granen, graankorrels 176

REGIONALE AARDRIJKSKUNDE 177
Landen. Nationaliteiten 177

192. Politiek. Overheid. Deel 1 177
193. Politiek. Overheid. Deel 2 178
194. Landen. Diversen 179
195. Grote religieuze groepen. Bekentenissen 180
196. Religies. Priesters 181
197. Geloof. Christendom. Islam 181

DIVERSEN 184

198. Diverse nuttige woorden 184

UITSPRAAKGIDS

Letter	Tsjetsjeens voorbeeld	T&P fonetisch alfabet	Nederlands voorbeeld
А а	самадала	[ɑ:]	maart
Аь аь	аьртадала	[æ:], [æ]	Nederlands Nedersaksisch - dät, Engels - cat
Б б	биллиард	[b]	hebben
В в	ловзо кехат	[v]	beloven, schrijven
Г г	горгал	[g]	goal, tango
ГӀ гӀ	жиргӀа	[ɣ]	Nederlands in Nederland - gaat, negen
Д д	дӀаала	[d]	Dank u, honderd
Е е	кевнахо	[e], [ɛ]	excuseren, hebben
Ё ё	боксёр	[jɔ:], [ɜ:]	yoga, Joods
Ж ж	мужалтах	[ʒ]	journalist, rouge
З з	ловза	[z]	zeven, zesde
И и	сирла	[ı], [i]	iemand, bidden
Й й	лийча	[j]	New York, januari
К к	секунд	[k]	kennen, kleur
Кх кх	кхиорхо	[q]	kennen, kleur
Къ къ	юккъе	[q]	gespannen [q]
КӀ кӀ	кӀайн	[k]	gespannen [k]
Л л	лаьстиг	[l]	delen, luchter
М м	Марша Ӏайла	[m]	morgen, etmaal
Н н	Хьанна?	[n]	nemen, zonder
О о	модельхо	[o], [ɔ]	overeenkomst, bot
Оь оь	пхоьлгӀа	[ø]	neus, beu
П п	пхийтта	[p]	parallel, koper
ПӀ пӀ	пӀераска	[p]	gespannen [p]
Р р	борзанан	[r]	roepen, breken
С с	сандалеш	[s]	spreken, kosten
Т т	туьйдарг	[t]	tomaat, taart
ТӀ тӀ	тӀормиг	[t]	gespannen [t]
У у	тукар	[u:]	fuut, uur
Уь уь	уьш	[y]	fuut, uur
Ф ф	футбол	[f]	feestdag, informeren
Х х	хьехархо	[ɦ]	hitte, hypnose
Хь хь	дагахь	[ɦ], [x]	zoals in het Schotse 'loch'
ХӀ хӀ	хӀордахо	[h]	het, herhalen
Ц ц	мацахлера	[ʦ]	niets, plaats
ЦӀ цӀ	цӀубдар	[ʦ]	gespannen [ts]
Ч ч	лечкъо	[ʧ]	Tsjechië, cello
ЧӀ чӀ	чӀогӀа	[ʧ]	gespannen [tch]
Ш ш	шахматаш	[ʃ]	shampoo, machine

Letter	Tsjetsjeens voorbeeld	T&P fonetisch alfabet	Nederlands voorbeeld
Щ щ	цергийг щётка	[ɕ]	Chicago, jasje
ъ	къонза	[ʰ]	harde teken - duidt aan dat de voorafgaande medeklinker hard wordt uitgesproken
ы	лыжаш хехка	[ɪ]	iemand, die
ь	доьзал	[ʲ]	zachte teken - duidt aan dat de voorafgaande medeklinker zacht wordt uitgesproken
Э э	эшар	[e]	delen, spreken
Ю ю	юхадала	[y]	fuut, uur
Юь юь	юьхьенца	[ju:], [ju]	jullie, aquarium
Я я	цӀанъян	[jɑ]	januari, jaar
Яь яь	яьшка	[jæ]	gedetailleerd
Ӏ Ӏ	Ӏамо	[ə]	formule, wachten

AFKORTINGEN gebruikt in de woordenschat

Nederlandse afkortingen

mann.	-	mannelijk
vrouw.	-	vrouwelijk
mv.	-	meervoud
on.ww.	-	onovergankelijk werkwoord
ov.ww.	-	overgankelijk werkwoord
bn	-	bijvoeglijk naamwoord
bw	-	bijwoord
abn	-	als bijvoeglijk naamwoord
bijv.	-	bijvoorbeeld
enz.	-	enzovoort
wisk.	-	wiskunde
enk.	-	enkelvoud
ov.	-	over
mil.	-	militair
vn	-	voornaamwoord
telb.	-	telbaar
form.	-	formele taal
ontelb.	-	ontelbaar
inform.	-	informele taal
vw	-	voegwoord
vz	-	voorzetsel
ww	-	werkwoord

Nederlandse artikelen

de	-	gemeenschappelijk geslacht
het	-	onzijdig
de/het	-	onzijdig, gemeenschappelijk geslacht

BASISBEGRIPPEN

Basisbegrippen Deel 1

1. Voornaamwoorden

ik	**co**	[sɔ]
jij, je	**хьо**	[hɔ]
hij, zij, het	**иза**	[iza]
wij, we	**вай**	[vaj]
jullie	**шу**	[ʃu]
zij, ze	**уьш**	[yʃ]

2. Begroetingen. Begroetingen. Afscheid

Hallo! Dag!	**Маршалла ду хьоьга!**	[marʃal:a du høga]
Hallo!	**Маршалла ду шуьга**	[marʃal:a du ʃyga]
Goedemorgen!	**Iуьйре дика хуьлда!**	[əujre dika hylda]
Goedemiddag!	**Де дика хуьлда!**	[de dika hylda]
Goedenavond!	**Суьйре дика хуьлда!**	[syjre dika hylda]
gedag zeggen (groeten)	**салам дала**	[salam dala]
Hoi!	**Маршалла ду хьоьга!**	[marʃal:a du høga]
groeten (het)	**маршалла, маршалла хаттар**	[marʃal:a, marʃal:a hat:ar]
verwelkomen (ww)	**маршалла хатта**	[marʃal:a hat:a]
Hoe gaat het?	**Муха ду гlуллакхш?**	[muha du ɣul:aqʃ]
Is er nog nieuws?	**Хlун ду керла?**	[hun du kerla]
Dag! Tot ziens!	**Марша lайла**	[marʃa əajla]
Tot snel! Tot ziens!	**lодика хуьлда!**	[əɔdika huʎda]
Vaarwel! (inform.)	**lодика йойла хьа!**	[əɔdika jojla ha]
Vaarwel! (form.)	**lодика йойла шунна!**	[əɔdika jojla ʃuŋa]
afscheid nemen (ww)	**lодика ян**	[əɔdika jan]
Tot kijk!	**lодика йойла!**	[əɔdika jojla]
Dank u!	**Баркалла!**	[barkal:a]
Dank u wel!	**Доаккха баркалла!**	[dɔak:a barkal:a]
Graag gedaan	**Хlума дац!**	[huma dats]
Geen dank!	**Хlума дац!**	[huma dats]
Geen moeite.	**Хlума дац!**	[huma dats]
Excuseer me, ... (inform.)	**Бехк ма билл!**	[behk ma bil:]
Excuseer me, ... (form.)	**Бехк ма биллалаш!**	[behk ma bil:alaʃ]
excuseren (verontschuldigen)	**бехк ца билла**	[behk tsa bil:a]
zich verontschuldigen	**бехк цабиллар деха**	[behk tsabil:ar deha]

Mijn excuses.	**Суна бехк ма биллалаш!**	[suna behk ma bil:alaʃ]
Het spijt me!	**Бехк ма биллаш!**	[behk ma bil:aʃ]
vergeven (ww)	**бехк цабиллар**	[behk ʦabil:ar]
Vergeet het niet!	**Диц ма ло!**	[diʦ ma lɔ]
Natuurlijk!	**Дера!**	[dera]
Natuurlijk niet!	**Дера дац!**	[dera daʦ]
Akkoord!	**Реза ву!**	[reza vu]
Zo is het genoeg!	**Тоьур ду!**	[tøur du]

3. Kardinale getallen. Deel 1

nul	**ноль**	[nɔʎ]
een	**цхьаъ**	[ʦha]
twee	**шиъ**	[ʃi]
drie	**кхоъ**	[qɔ]
vier	**диъ**	[di]
vijf	**пхиъ**	[phi]
zes	**ялх**	[jalh]
zeven	**ворхl**	[vɔrh]
acht	**бархl**	[barh]
negen	**исс**	[is:]
tien	**итт**	[it:]
elf	**цхьайтта**	[ʦhajt:a]
twaalf	**шийтта**	[ʃi:t:a]
dertien	**кхойтта**	[qɔjt:a]
veertien	**дейтта**	[dejt:a]
vijftien	**пхийтта**	[phi:t:a]
zestien	**ялхитта**	[jalhit:a]
zeventien	**Вуьрхlитта**	[vyrhit:a]
achttien	**берхlитта**	[berhit:a]
negentien	**ткъесна**	[tqhesna]
twintig	**ткъа**	[tqha]
eenentwintig	**ткъе цхьаъ**	[tqhe ʦha]
tweeëntwintig	**ткъе шиъ**	[tqhe ʃi]
drieëntwintig	**ткъе кхоъ**	[tqhe qɔ]
dertig	**ткъе итт**	[tqhe it:]
eenendertig	**ткхе цхьайтта**	[tqe ʦhajt:a]
tweeëndertig	**ткъе шийтта**	[tqhe ʃi:t:a]
drieëndertig	**ткъе кхойтта**	[tqhe qɔjt:a]
veertig	**шовзткъа**	[ʃɔvztqha]
eenenveertig	**шовзткъе цхьаъ**	[ʃɔvztqhe ʦha]
tweeënveertig	**шовзткъе шиъ**	[ʃɔvztqhe ʃi]
drieënveertig	**шовзткъе кхоъ**	[ʃɔvztqhe qɔ]
vijftig	**шовзткъе итт**	[ʃɔvztqhe it:]
eenenvijftig	**шовзткъе цхьайтта**	[ʃɔvztqhe ʦhajt:a]
tweeënvijftig	**шовзткъе шийтта**	[ʃɔvztqhe ʃi:t:a]

drieënvijftig	**шовзткъе кхойтта**	[ʃɔvztqhe qɔjt:ɑ]
zestig	**кхузткъа**	[quztqhɑ]
eenenzestig	**кхузткъе цхьаъ**	[quztqhe ʦhɑ]
tweeënzestig	**кхузткъе шиъ**	[quztqhe ʃi]
drieënzestig	**кхузткъе кхоъ**	[quztqhe qɔ]
zeventig	**кхузткъа итт**	[quztqhɑ it:]
eenenzeventig	**кхузткъе цхьайтта**	[quztqhe ʦhɑjt:ɑ]
tweeënzeventig	**кхузткъе шийтта**	[quztqhe ʃi:t:ɑ]
drieënzeventig	**кхузткъе кхойтта**	[quztqhe qɔjt:ɑ]
tachtig	**дезткъа**	[deztqhɑ]
eenentachtig	**дезткъе цхьаъ**	[deztqhe ʦhɑ]
tweeëntachtig	**дезткъе шиъ**	[deztqhe ʃi]
drieëntachtig	**дезткъе кхоъ**	[deztqhe qɔ]
negentig	**дезткъа итт**	[deztqhɑ it:]
eenennegentig	**дезткъе цхьайтта**	[deztqhe ʦhɑjt:ɑ]
tweeënnegentig	**дезткъе шийтта**	[deztqhe ʃi:t:ɑ]
drieënnegentig	**дезткъе кхойтта**	[deztqhe qɔjt:ɑ]

4. Kardinale getallen. Deel 2

honderd	**бle**	[bəe]
tweehonderd	**ши бle**	[ʃi bəe]
driehonderd	**кхо бle**	[qɔ bəe]
vierhonderd	**диъ бle**	[di bəe]
vijfhonderd	**пхи бle**	[phi bəe]
zeshonderd	**ялх бle**	[jɑlh bəe]
zevenhonderd	**ворхl бle**	[vɔrh bəe]
achthonderd	**бархl бle**	[bɑrh bəe]
negenhonderd	**исс бle**	[is: bəe]
duizend	**эзар**	[ɛzɑr]
tweeduizend	**ши эзар**	[ʃi ɛzɑr]
drieduizend	**кхо эзар**	[qɔ ɛzɑr]
tienduizend	**итт эзар**	[it: ɛzɑr]
honderdduizend	**бle эзар**	[bəe ɛzɑr]
miljoen (het)	**миллион**	[mil:iɔn]
miljard (het)	**миллиард**	[mil:iɑrd]

5. Getallen. Breuken

breukgetal (het)	**дакъалла**	[dɑqhɑl:ɑ]
half	**шоалгlачун цхьаъ**	[ʃɔɑlɣɑʧun ʦhɑ]
een derde	**кхоалгlачун цхьаъ**	[qɔɑlɣɑʧun ʦhɑ]
kwart	**доьалгlачун цхьаъ**	[døɑlɣɑʧun ʦhɑ]
een achtste	**бархlалгlачун цхьаъ**	[bɑrhɑlɣʧun ʦhɑ]
een tiende	**итталгlачун цхьаъ**	[it:ɑlɣɑʧun ʦhɑ]
twee derde	**кхоалгlачун шиъ**	[qɔɑlɣɑʧun ʃi]
driekwart	**доьалгlачун кхоъ**	[døɑlɣɑʧun qɔ]

6. Getallen. Eenvoudige berekeningen

aftrekking (de)	**тlерадаккхар**	[theradak:ar]
aftrekken (ww)	**тlерадаккха**	[theradak:a]
deling (de)	**декъар**	[deqhar]
delen (ww)	**декъа**	[deqha]
optelling (de)	**вовшахтохар**	[vɔvʃahtɔhar]
erbij optellen (bij elkaar voegen)	**вовшахтоха**	[vɔvʃahtɔha]
optellen (ww)	**тlетоха**	[thetɔha]
vermenigvuldiging (de)	**эцар**	[ɛʦar]
vermenigvuldigen (ww)	**эца**	[ɛʦa]

7. Getallen. Diversen

cijfer (het)	**цифра**	[ʦifra]
nummer (het)	**терахь**	[terah]
telwoord (het)	**терахьдош**	[terahdɔʃ]
minteken (het)	**минус**	[minus]
plusteken (het)	**тlетоха**	[thetɔha]
formule (de)	**формула**	[fɔrmula]
berekening (de)	**ларар**	[larar]
tellen (ww)	**лара**	[lara]
bijrekenen (ww)	**лара**	[lara]
vergelijken (ww)	**дуста**	[dusta]
Hoeveel? (ontelb.)	**Мел?**	[mel]
Hoeveel? (telb.)	**Маса?**	[masa]
som (de), totaal (het)	**жамl**	[ʒamə]
uitkomst (de)	**хилам**	[hilam]
rest (de)	**бухадиснарг**	[buhadisnarg]
enkele (bijv. ~ minuten)	**масех**	[maseh]
weinig (bw)	**кlезиг**	[k:ezig]
restant (het)	**бухадиснарг**	[buhadisnarg]
anderhalf	**цхьаъ ах**	[ʦha ah]
dozijn (het)	**цlов**	[ʦhɔv]
middendoor (bw)	**шин декъе**	[ʃin deqhe]
even (bw)	**цхьабосса**	[ʦhabɔs:a]
helft (de)	**ах**	[ah]
keer (de)	**цкъа**	[ʦqha]

8. De belangrijkste werkwoorden. Deel 1

aanbevelen (ww)	**мага дан**	[maga dan]
aandringen (ww)	**тlера ца вала**	[thera ʦa vala]
aankomen (per auto, enz.)	**дан**	[dan]
aanraken (ww)	**куьг тоха**	[kyg tɔha]

adviseren (ww)	**хьехам бан**	[heham ban]
afdalen (on.ww.)	**охьадан**	[ɔhadan]
afslaan (naar rechts ~)	**дӀадерза**	[dəaderza]
antwoorden (ww)	**жоп дала**	[ʒɔp dala]
bang zijn (ww)	**кхера**	[qera]
bedreigen (bijv. met een pistool)	**кхерам тийса**	[qeram ti:sa]
bedriegen (ww)	**Ӏехо**	[əeho]
beëindigen (ww)	**чекхдаккха**	[ʧeqdak:a]
beginnen (ww)	**доло**	[dɔlɔ]
begrijpen (ww)	**кхета**	[qeta]
beheren (managen)	**куьйгаллз дан**	[kyjgal:z dan]
beledigen (met scheldwoorden)	**сий дайа**	[si: daja]
beloven (ww)	**вaӀда дан**	[vaəda dan]
bereiden (koken)	**кечдан**	[keʧdan]
bespreken (spreken over)	**дийцаре дилла**	[di:ʦare dil:a]
bestellen (eten ~)	**заказ ян**	[zakaz jan]
bestraffen (een stout kind ~)	**таӀзар дан**	[taəzar dan]
betalen (ww)	**ахча дала**	[ahʧa dala]
betekenen (beduiden)	**маьӀна хила**	[mæəna hila]
betreuren (ww)	**дагахьбаллам хила**	[dagahbal:am hila]
bevallen (prettig vinden)	**хазахета**	[hazaheta]
bevelen (mil.)	**омра дан**	[ɔmra dan]
bevrijden (stad, enz.)	**мукъадаккха**	[muqhadak:a]
bewaren (ww)	**лардан**	[lardan]
bezitten (ww)	**хила**	[hila]
bidden (praten met God)	**ламаз дан**	[lamaz dan]
binnengaan (een kamer ~)	**чудахар**	[ʧudahar]
breken (ww)	**кегдан**	[kegdan]
controleren (ww)	**тӀехьажа**	[thehaʒa]
creëren (ww)	**кхолла**	[qɔl:a]
deelnemen (ww)	**дакъа лаца**	[daqha laʦa]
denken (ww)	**ойла ян**	[ɔjla jan]
doden (ww)	**ден**	[den]
doen (ww)	**дан**	[dan]
dorst hebben (ww)	**мала лаа**	[mala la:]

9. De belangrijkste werkwoorden. Deel 2

een hint geven	**къедо**	[qhedɔ]
eisen (met klem vragen)	**тӀедожо**	[thedɔʒɔ]
existeren (bestaan)	**хила**	[hila]
gaan (te voet)	**даха**	[daha]
gaan zitten (ww)	**охьахаа**	[ɔhaha:]
gaan zwemmen	**лийча**	[li:ʧa]
geven (ww)	**дала**	[dala]

glimlachen (ww)	**дела къежа**	[dela qheʒa]
goed raden (ww)	**хаа**	[ha:]
grappen maken (ww)	**забарш ян**	[zabarʃ jan]
graven (ww)	**ахка**	[ahka]
hebben (ww)	**хила**	[hila]
helpen (ww)	**гlо дан**	[ɣɔ dan]
herhalen (opnieuw zeggen)	**юхаала**	[juha:la]
honger hebben (ww)	**хlума яаа лаа**	[huma ja:: la:]
hopen (ww)	**догдаха**	[dɔgdaha]
horen (waarnemen met het oor)	**хаза**	[haza]
huilen (wenen)	**делха**	[delha]
huren (huis, kamer)	**лаца**	[latsa]
informeren (informatie geven)	**информаци ян, хаам бан**	[infɔrmatsi jan], [ha:m ban]
instemmen (akkoord gaan)	**реза хила**	[reza hila]
jagen (ww)	**талла эха**	[tal:a ɛha]
kennen (kennis hebben van iemand)	**довза**	[dɔvza]
kiezen (ww)	**харжар**	[harʒar]
klagen (ww)	**латкъа**	[latqha]
kosten (ww)	**деха**	[deha]
kunnen (ww)	**мага**	[maga]
lachen (ww)	**дела**	[dela]
laten vallen (ww)	**охьаэго**	[ɔhaəgɔ]
lezen (ww)	**еша**	[eʃa]
liefhebben (ww)	**деза**	[deza]
lunchen (ww)	**делкъана хlума яа**	[delqhana huma ja:]
nemen (ww)	**схьаэца**	[shaətsa]
nodig zijn (ww)	**оьшуш хила**	[øʃuʃ hila]

10. De belangrijkste werkwoorden. Deel 3

onderschatten (ww)	**ма-дарра ца лара**	[ma dar:a tsa lara]
ondertekenen (ww)	**куьг таlо**	[kyg taəɔ]
ontbijten (ww)	**марта даа**	[marta da:]
openen (ww)	**схьаделла**	[shadel:a]
ophouden (ww)	**дlасацо**	[dəasatsɔ]
opmerken (zien)	**ган**	[gan]
opscheppen (ww)	**куралла ян**	[kural:a jan]
opschrijven (ww)	**дlаяздан**	[dəajazdan]
plannen (ww)	**план хlотто**	[plan hɔt:ɔ]
prefereren (verkiezen)	**гlоли хета**	[ɣɔli heta]
proberen (trachten)	**хьажа**	[haʒa]
redden (ww)	**кlелхьардаккха**	[k:elhardak:a]
rekenen op ...	**дагахь хила**	[dagah hila]
rennen (ww)	**дада**	[dada]

reserveren (een hotelkamer ~)	**резервировать ян**	[rezerwirɔvatʲ jan]
roepen (om hulp)	**кхайкха**	[qajqa]
schieten (ww)	**кхийса**	[qi:sa]
schreeuwen (ww)	**мохь бетта**	[mɔh bet:a]
schrijven (ww)	**яздан**	[jazdan]
souperen (ww)	**пхьор дан**	[phɔr dan]
spelen (kinderen)	**ловза**	[lɔvza]
spreken (ww)	**мотт бийца**	[mɔt: bi:ʦa]
stelen (ww)	**лечкъо**	[leʧqhɔ]
stoppen (pauzeren)	**саца**	[saʦa]
studeren (Nederlands ~)	**Іамо**	[əamɔ]
sturen (zenden)	**дІадахьийта**	[dəadahi:ta]
tellen (optellen)	**лара**	[lara]
toebehoren ...	**хила**	[hila]
toestaan (ww)	**магийта**	[magi:ta]
tonen (ww)	**гайта**	[gajta]
twijfelen (onzeker zijn)	**шекьхила**	[ʃəkʲhila]
uitgaan (ww)	**арадалар**	[aradalar]
uitnodigen (ww)	**схьакхайкха**	[shaqajqa]
uitspreken (ww)	**ала**	[ala]
uitvaren tegen (ww)	**дов дан**	[dɔv dan]

11. De belangrijkste werkwoorden. Deel 4

vallen (ww)	**охьаэга**	[ɔhaəga]
vangen (ww)	**леца**	[leʦa]
veranderen (anders maken)	**хийца**	[hi:ʦa]
verbaasd zijn (ww)	**цецдала**	[ʦeʦdala]
verbergen (ww)	**дІадилла**	[dəadil:a]
verdedigen (je land ~)	**лардан**	[lardan]
verenigen (ww)	**цхьанатоха**	[ʦhænatɔha]
vergelijken (ww)	**дуста**	[dusta]
vergeten (ww)	**дицдала**	[diʦdala]
vergeven (ww)	**геч дан**	[geʧ dan]
verklaren (uitleggen)	**кхето**	[qetɔ]
verkopen (per stuk ~)	**дохка**	[dɔhka]
vermelden (praten over)	**хьахо**	[haho]
versieren (decoreren)	**хаздан**	[hazdan]
vertalen (ww)	**талмажалла дан**	[talmaʒal:a dan]
vertrouwen (ww)	**теша**	[teʃa]
vervolgen (ww)	**дахдан**	[dahdan]
verwarren (met elkaar ~)	**тило**	[tilɔ]
verzoeken (ww)	**деха**	[deha]
verzuimen (school, enz.)	**юкъахдита**	[juqhahdita]
vinden (ww)	**каро**	[karɔ]
vliegen (ww)	**лела**	[lela]

volgen (ww)	тIаьхьадаха	[thæhadaha]
voorstellen (ww)	хьахо	[haho]
voorzien (verwachten)	хиндерг хаа	[hinderg ha:]
vragen (ww)	хатта	[hat:a]
waarnemen (ww)	тергам бан	[tergam ban]
waarschuwen (ww)	дIахьедан	[dəahedan]
wachten (ww)	хьежа	[heʒa]
weerspreken (ww)	дуьхьал хила	[dyhal hila]
weigeren (ww)	дуьхьал хила	[dyhal hila]
werken (ww)	болх бан	[bɔlh ban]
weten (ww)	хаа	[ha:]
willen (verlangen)	лаа	[la:]
zeggen (ww)	ала	[ala]
zich haasten (ww)	сихдала	[sihdala]
zich interesseren voor ...	довза лаа	[dɔvza la:]
zich vergissen (ww)	гIалатдала	[ɣalatdala]
zich verontschuldigen	бехк цабиллар деха	[behk ʦabil:ar deha]
zien (ww)	ган	[gan]
zoeken (ww)	леха	[leha]
zwemmen (ww)	нека дан	[neka dan]
zwijgen (ww)	къамел ца дан	[qhamel ʦa dan]

12. Kleuren

kleur (de)	бос	[bɔs]
tint (de)	амат	[amat]
kleurnuance (de)	бос	[bɔs]
regenboog (de)	стелаIад	[stelaəad]
wit (bn)	кIайн	[k:ajn]
zwart (bn)	Iаьржа	[əærʒa]
grijs (bn)	сира	[sira]
groen (bn)	баьццара	[bæʦsara]
geel (bn)	можа	[mɔʒa]
rood (bn)	цIен	[ʦhen]
blauw (bn)	сийна	[si:na]
lichtblauw (bn)	сийна	[si:na]
roze (bn)	сирла-цIен	[sirla ʦhen]
oranje (bn)	цIехо-можа	[ʦheho mɔʒa]
violet (bn)	цIехо-сийна	[ʦheho si:na]
bruin (bn)	боьмаша	[bømaʃa]
goud (bn)	дашо	[daʃɔ]
zilverkleurig (bn)	детиха	[detiha]
beige (bn)	бежеви	[beʒewi]
roomkleurig (bn)	беда-можа	[beda mɔʒa]
turkoois (bn)	бирюзан бос	[biryzan bɔs]

kersrood (bn)	**баьллийн бос**	[bæl:i:n bɔs]
lila (bn)	**сирла-сийна**	[sirlɑ si:nɑ]
karmijnrood (bn)	**камарийн бос**	[kɑmɑri:n bɔs]
licht (bn)	**сирла**	[sirlɑ]
donker (bn)	**Іаьржа**	[əærʒɑ]
fel (bn)	**къегина**	[qheginɑ]
kleur-, kleurig (bn)	**бесара**	[besɑrɑ]
kleuren- (abn)	**бос болу**	[bɔs bɔlu]
zwart-wit (bn)	**кІайн-Іаьржа**	[k:ɑjn əærʒɑ]
eenkleurig (bn)	**цхьана бесара**	[ʦhɑnɑ besɑrɑ]
veelkleurig (bn)	**бес-бесара**	[bes besɑrɑ]

13. Vragen

Wie?	**Мила?**	[milɑ]
Wat?	**ХІун?**	[hun]
Waar?	**Мичахь?**	[miʧɑh]
Waarheen?	**Мича?**	[miʧɑ]
Waar ... vandaan?	**Мичара?**	[miʧɑrɑ]
Wanneer?	**Маца?**	[mɑʦɑ]
Waarom?	**Стенна?**	[steŋɑ]
Waarom?	**ХІунда?**	[hundɑ]
Waarvoor dan ook?	**Стенан?**	[stenɑn]
Hoe?	**Муха?**	[muhɑ]
Wat voor ...?	**Муьлха?**	[mylhɑ]
Welk?	**МасалгІа?**	[mɑsɑlɣɑ]
Aan wie?	**Хьанна?**	[hɑŋɑ]
Over wie?	**Хьанах лаьцна?**	[hɑnɑh læʦnɑ]
Waarover?	**Стенах лаьцна?**	[stenɑh læʦnɑ]
Met wie?	**Хьаьнца?**	[hænʦɑ]
Hoeveel? (telb.)	**Маса?**	[mɑsɑ]
Van wie? (mann.)	**Хьенан?**	[henɑn]

14. Functiewoorden. Bijwoorden. Deel 1

Waar?	**Мичахь?**	[miʧɑh]
hier (bw)	**хьоккхузахь**	[hɔk:uzɑh]
daar (bw)	**цигахь**	[ʦigɑh]
ergens (bw)	**цхьанхьа-м**	[ʦhɑnhɑ m]
nergens (bw)	**цхьаннахьа а**	[ʦhɑŋɑhɑ ɑ]
bij ... (in de buurt)	**уллехь**	[ul:eh]
bij het raam	**кора уллехь**	[kɔrɑ ul:eh]
Waarheen?	**Мича?**	[miʧɑ]
hierheen (bw)	**кхузахь**	[quzɑh]

daarheen (bw)	**цига**	[ʦiga]
hiervandaan (bw)	**хӀоккхузара**	[hɔk:uzara]
daarvandaan (bw)	**цигара**	[ʦigara]
dichtbij (bw)	**герга**	[gerga]
ver (bw)	**гена**	[gena]
in de buurt (van ...)	**улло**	[ul:ɔ]
vlakbij (bw)	**юххе**	[juhe]
niet ver (bw)	**гена доцу**	[gena dɔʦu]
linker (bn)	**аьрру**	[ær:u]
links (bw)	**аьрру агӀорхьара**	[ær:u aɣɔrhara]
linksaf, naar links (bw)	**аьрру агӀор**	[ær:u aɣɔr]
rechter (bn)	**аьтту**	[æt:u]
rechts (bw)	**аьтту агӀорхьара**	[æt:u aɣɔrhara]
rechtsaf, naar rechts (bw)	**аьтту агӀор**	[æt:u aɣɔr]
vooraan (bw)	**хьалха**	[halha]
voorste (bn)	**хьалхара**	[halhara]
vooruit (bw)	**хьалха**	[halha]
achter (bw)	**тӀехьа**	[theha]
van achteren (bw)	**тӀаьхьа**	[thæha]
achteruit (naar achteren)	**юхо**	[juho]
midden (het)	**юкъ**	[juqh]
in het midden (bw)	**юккъе**	[jukqhe]
opzij (bw)	**агӀор**	[aɣɔr]
overal (bw)	**массанхьа**	[mas:anha]
omheen (bw)	**гонаха**	[gɔnaha]
binnenuit (bw)	**чухула**	[ʧuhula]
naar ergens (bw)	**цхьанхьа**	[ʦhanha]
rechtdoor (bw)	**нийсса дӀа**	[ni:s:a dəa]
terug (bijv. ~ komen)	**юха**	[juha]
ergens vandaan (bw)	**миччара а**	[miʧara a]
ergens vandaan (en dit geld moet ~ komen)	**цхьанхьара**	[ʦhanhara]
ten eerste (bw)	**цкъа-делахь**	[ʦqha delah]
ten tweede (bw)	**шолгӀа-делахь**	[ʃɔlɣa delah]
ten derde (bw)	**кхоалгӀа-делахь**	[qɔalɣa delah]
plotseling (bw)	**цӀеххьана**	[ʦhehana]
in het begin (bw)	**юьхьенца**	[juhenʦa]
voor de eerste keer (bw)	**дуьххьара**	[dyhara]
lang voor ... (bw)	**хьалхе**	[halhe]
opnieuw (bw)	**юха**	[juha]
voor eeuwig (bw)	**гуттаренна**	[gut:areŋa]
nooit (bw)	**цкъа а**	[ʦqha a]
weer (bw)	**кхин цкъа а**	[qin ʦqha a]

nu (bw)	**хIинца**	[hintsa]
vaak (bw)	**кест-кеста**	[kest kesta]
toen (bw)	**хIетахь**	[hetah]
urgent (bw)	**чехка**	[tʃehka]
meestal (bw)	**нехан санна**	[nehan saŋa]
trouwens, … (tussen haakjes)	**шен метта**	[ʃən met:a]
mogelijk (bw)	**тарлун ду**	[tarlun du]
waarschijnlijk (bw)	**хила мегаш хила**	[hila megaʃ hila]
misschien (bw)	**хила мега**	[hila mega]
trouwens (bw)	**цул совнаха, …**	[tsul sɔvnaha]
daarom …	**цундела**	[tsundela]
in weerwil van …	**делахь а …**	[delah a]
dankzij …	**бахьана долуш …**	[bahana dɔluʃ]
wat (vn)	**хIун**	[hun]
dat (vw)	**а**	[a]
iets (vn)	**цхьаъ-м**	[tsha m]
iets	**цхьа хIума**	[tsha huma]
niets (vn)	**хIумма а дац**	[hum:a a dats]
wie (~ is daar?)	**мила**	[mila]
iemand (een onbekende)	**цхьаъ**	[tsha]
iemand (een bepaald persoon)	**цхьаъ**	[tsha]
niemand (vn)	**цхьа а**	[tsha a]
nergens (bw)	**цхьанххьа а**	[tshanha a]
niemands (bn)	**цхьаьннан а**	[tshæŋan a]
iemands (bn)	**цхьаьннан**	[tshæŋan]
zo (Ik ben ~ blij)	**иштта**	[iʃt:a]
ook (evenals)	**санна**	[saŋa]
alsook (eveneens)	**а**	[a]

15. Functiewoorden. Bijwoorden. Deel 2

Waarom?	**ХIунда?**	[hunda]
om een bepaalde reden	**цхьанна-м**	[tshaŋa m]
omdat …	**цундела**	[tsundela]
voor een bepaald doel	**цхьана хIуманна**	[tshana humaŋa]
en (vw)	**а-а**	[a a]
of (vw)	**я**	[ja]
maar (vw)	**амма**	[am:a]
te (~ veel mensen)	**дукха**	[duqa]
alleen (bw)	**бен**	[ben]
precies (bw)	**нийсса**	[ni:s:a]
ongeveer (~ 10 kg)	**герга**	[gerga]
omstreeks (bw)	**герггарчу хьесапехь**	[gerg:artʃu hesapeh]
bij benadering (bn)	**герггарчу хьесапера**	[gerg:artʃu hesapera]

bijna (bw)	**гергга**	[gerg:ɑ]
rest (de)	**бухадиснарг**	[buhadisnɑrg]
elk (bn)	**хlор**	[hɔr]
om het even welk	**муьлхха а**	[mylha ɑ]
veel (grote hoeveelheid)	**дукха**	[duqɑ]
veel mensen	**дуккха а**	[duk:ɑ ɑ]
iedereen (alle personen)	**дерриг**	[der:ig]
in ruil voor ...	**цхьана ... хийцина**	[ʦhɑnɑ hi:ʦinɑ]
in ruil (bw)	**метта**	[met:ɑ]
met de hand (bw)	**куьйга**	[kyjgɑ]
onwaarschijnlijk (bw)	**те**	[te]
waarschijnlijk (bw)	**схьахетарехь**	[shɑhetɑreh]
met opzet (bw)	**хуъушехь**	[hyuʃəh]
toevallig (bw)	**ларамаза**	[lɑrɑmɑzɑ]
zeer (bw)	**чlоаrlа**	[ʧhɔɑɣɑ]
bijvoorbeeld (bw)	**масала**	[mɑsɑlɑ]
tussen (~ twee steden)	**юккъехь**	[jukqheh]
tussen (te midden van)	**юккъехь**	[jukqheh]
vooral (bw)	**къасттина**	[qhɑst:inɑ]

Basisbegrippen Deel 2

16. Dagen van de week

maandag (de)	**оршот**	[ɔrʃɔt]
dinsdag (de)	**шинара**	[ʃinara]
woensdag (de)	**кхаара**	[qa:ra]
donderdag (de)	**еара**	[eara]
vrijdag (de)	**пlераска**	[pheraska]
zaterdag (de)	**шот**	[ʃɔt]
zondag (de)	**кlиранде**	[k:irande]
vandaag (bw)	**тахана**	[tahana]
morgen (bw)	**кхана**	[qana]
overmorgen (bw)	**лама**	[lama]
gisteren (bw)	**селхана**	[selhana]
eergisteren (bw)	**стомара**	[stɔmara]
dag (de)	**де**	[de]
werkdag (de)	**белхан де**	[belhan de]
feestdag (de)	**деза де**	[deza de]
verlofdag (de)	**мукъа де**	[muqha de]
weekend (het)	**мукъа денош**	[muqha denɔʃ]
de hele dag (bw)	**дерригa де**	[der:iga de]
de volgende dag (bw)	**шолгlачу дийнахь**	[ʃɔlɣatʃu di:nah]
twee dagen geleden	**ши де хьалха**	[ʃi de halha]
aan de vooravond (bw)	**де хьалха**	[de halha]
dag-, dagelijks (bn)	**хlор денна хуьлу**	[hɔr deŋa hylu]
elke dag (bw)	**хlор денна хуьлу**	[hɔr deŋa hylu]
week (de)	**кlира**	[k:ira]
vorige week (bw)	**дlадаханчу кlирнахь**	[dəadahantʃu k:irnah]
volgende week (bw)	**тlедогlучу кlирнахь**	[thedɔɣutʃu k:irnah]
wekelijks (bn)	**хlор кlиранан**	[hɔr k:iranan]
elke week (bw)	**хlор кlирна**	[hɔr k:irna]
twee keer per week	**кlирнахь шозза**	[k:irnah ʃɔz:a]
elke dinsdag	**хlор шинара**	[hɔr ʃinara]

17. Uren. Dag en nacht

morgen (de)	**lуьйре**	[əyjre]
's morgens (bw)	**lуьйранна**	[əyjraŋa]
middag (de)	**делкъе**	[delqhe]
's middags (bw)	**делкъан тlаьхьа**	[delqhan thæha]
avond (de)	**суьйре**	[syjre]
's avonds (bw)	**сарахь**	[sarah]

nacht (de)	**буьса**	[bysa]
's nachts (bw)	**буса**	[busa]
middernacht (de)	**буьйсанан юкъ**	[byjsanan juqh]

seconde (de)	**секунд**	[sekund]
minuut (de)	**минот**	[minɔt]
uur (het)	**сахьт**	[saht]
halfuur (het)	**ахсахьт**	[ahsaht]
kwartier (het)	**сахьтах пхийтта**	[sahtah phi:t:a]
vijftien minuten	**I5 минот**	[phi:t:a minɔt]
etmaal (het)	**де-буьйса**	[de byjsa]

zonsopgang (de)	**малх схьакхетар**	[malh shaqetar]
dageraad (de)	**сатасар**	[satasar]
vroege morgen (de)	**Iуьйранна хьалххехь**	[əyjraŋa halheh]
zonsondergang (de)	**чубузар**	[ʧubuzar]

's morgens vroeg (bw)	**Iуьйранна хьалххе**	[əyjraŋa halhe]
vanmorgen (bw)	**тахан Iуьйранна**	[tahan əyjraŋa]
morgenochtend (bw)	**кхана Iуьйранна**	[qana əyjraŋa]
vanmiddag (bw)	**тахана дийнахь**	[tahana di:nah]
's middags (bw)	**делкъан тIаьхьа**	[delqhan thæha]
morgenmiddag (bw)	**кхана делкъан тIаьхьа**	[qana delqhan thæha]
vanavond (bw)	**тахана суьйранна**	[tahana syjraŋa]
morgenavond (bw)	**кхана суьйранна**	[qana syjraŋa]

klokslag drie uur	**нийсса кхоъ сахьт даьлча**	[ni:s:a qø saht dælʧa]
ongeveer vier uur	**диъ сахьт гергга**	[di saht gerg:a]
tegen twaalf uur	**шийтта сахьт долаж**	[ʃi:t:a saht dɔlaʒ]

over twintig minuten	**ткъа минот яьлча**	[tqha minɔt jalʧa]
over een uur	**цхьа сахьт даьлча**	[ʦha saht dælʧa]
op tijd (bw)	**шен хеннахь**	[ʃən heŋah]

kwart voor ...	**сахьтах пхийтта яьлча**	[sahtah phi:t:a jalʧa]
binnen een uur	**сахьт даллалц**	[saht dal:alʦ]
elk kwartier	**хIор пхийтта минот**	[hɔr phi:t:a minɔt]
de klok rond	**дуьззина де-буьйса**	[dyz:ina de byjsa]

18. Maanden. Seizoenen

januari (de)	**январь**	[janvarʲ]
februari (de)	**февраль**	[fevraʎ]
maart (de)	**март**	[mart]
april (de)	**апрель**	[apreʎ]
mei (de)	**май**	[maj]
juni (de)	**июнь**	[ijuɲ]

juli (de)	**июль**	[ijuʎ]
augustus (de)	**август**	[avgust]
september (de)	**сентябрь**	[sentʲabrʲ]
oktober (de)	**октябрь**	[ɔktʲabrʲ]
november (de)	**ноябрь**	[nɔjabrʲ]
december (de)	**декабрь**	[dekabrʲ]

lente (de)	бlаьсте	[bəæste]
in de lente (bw)	бlаьста	[bəæsta]
lente- (abn)	бlаьстенан	[bəæstenɑn]
zomer (de)	аьхке	[æhke]
in de zomer (bw)	аьхка	[æhkɑ]
zomer-, zomers (bn)	аьхкенан	[æhkenɑn]
herfst (de)	гуьйре	[gyjre]
in de herfst (bw)	гурахь	[gurɑh]
herfst- (abn)	гуьйренан	[gyjrenɑn]
winter (de)	lа	[əɑ]
in de winter (bw)	lай	[əɑj]
winter- (abn)	lаьнан	[əænɑn]
maand (de)	бутт	[but:]
deze maand (bw)	кху баттахь	[qu bɑt:ɑh]
volgende maand (bw)	тlеборlу баттахь	[thebɔyu bɑt:ɑh]
vorige maand (bw)	байна баттахь	[bɑjnɑ bɑt:ɑh]
een maand geleden (bw)	цхьа бутт хьалха	[tshɑ but: hɑlhɑ]
over een maand (bw)	цхьа бутт баьлча	[tshɑ but: bæltʃɑ]
over twee maanden (bw)	ши бутт баьлча	[ʃi but: bæltʃɑ]
de hele maand (bw)	беррига бутт	[ber:igɑ but:]
een volle maand (bw)	дийнна бутт	[di:ŋɑ but:]
maand-, maandelijks (bn)	хlоp беттан	[hɔr bet:ɑn]
maandelijks (bw)	хlоp баттахь	[hɔr bɑt:ɑh]
elke maand (bw)	хlоp бутт	[hɔr but:]
twee keer per maand	баттахь 2	[bɑt:ɑh ʃɔz:ɑ]
jaar (het)	шо	[ʃɔ]
dit jaar (bw)	кхушара	[quʃɑrɑ]
volgend jaar (bw)	тlедоrlучу шарахь	[thedɔyutʃu ʃɑrɑh]
vorig jaar (bw)	стохка	[stɔhkɑ]
een jaar geleden (bw)	шо хьалха	[ʃɔ hɑlhɑ]
over een jaar	шо даьлча	[ʃɔ dæltʃɑ]
over twee jaar	ши шо даьлча	[ʃi ʃɔ dæltʃɑ]
het hele jaar	деррига шо	[der:igɑ ʃɔ]
een vol jaar	дийнна шо	[di:ŋɑ ʃɔ]
elk jaar	хlоp шо	[hɔr ʃɔ]
jaar-, jaarlijks (bn)	хlоp шеран	[hɔr ʃerɑn]
jaarlijks (bw)	хlоp шарахь	[hɔr ʃɑrɑh]
4 keer per jaar	шарахь 4	[ʃɑrɑh døøz:ɑ]
datum (de)	де	[de]
datum (de)	терахь	[terɑh]
kalender (de)	календарь	[kɑlendarʲ]
een half jaar	ахшо	[ahʃɔ]
zes maanden	ахшо	[ahʃɔ]
seizoen (bijv. lente, zomer)	зам	[zɑm]
eeuw (de)	оьмар	[ømɑr]

19. Tijd. Diversen

tijd (de)	**хан**	[han]
ogenblik (het)	**бlарган нерlap туху юкъ**	[bəargan neɣar tuhu juqh]
moment (het)	**бlарган нерlap туху юкъ**	[bəargan neɣar tuhu juqh]
ogenblikkelijk (bn)	**цlеххьана**	[ʦhehana]
tijdsbestek (het)	**хенан юкъ**	[henan juqh]
leven (het)	**дахар**	[dahar]
eeuwigheid (de)	**абаде**	[abade]
epoche (de), tijdperk (het)	**мур**	[mur]
era (de), tijdperk (het)	**зама**	[zama]
cyclus (de)	**цикл**	[ʦikl]
periode (de)	**мур**	[mur]
termijn (vastgestelde periode)	**хан**	[han]
toekomst (de)	**тlедогlу**	[thedɔɣu]
toekomstig (bn)	**тlедогlу**	[thedɔɣu]
de volgende keer	**тlаьхьахула**	[thæhahula]
verleden (het)	**дlадахнарг**	[dəadahnarg]
vorig (bn)	**дlадахнар**	[dəadahnar]
de vorige keer	**тохар**	[tɔhar]
later (bw)	**тlаккха**	[thak:a]
na (~ het diner)	**тlаьхьа**	[thæha]
tegenwoordig (bw)	**хlинца**	[hinʦa]
nu (bw)	**хlинцца**	[hinʦa]
onmiddellijk (bw)	**хьем ца беш**	[hem ʦa beʃ]
snel (bw)	**кеста**	[kesta]
bij voorbaat (bw)	**хьалххе**	[halhe]
lang geleden (bw)	**тоххара**	[tɔhara]
kort geleden (bw)	**дукха хан йоццуш**	[duqa han joʦuʃ]
noodlot (het)	**кхел**	[qel]
herinneringen (mv.)	**диццадалар**	[diʦadalar]
archief (het)	**архив**	[arhiv]
tijdens ... (ten tijde van)	**хеннахь ...**	[heŋah]
lang (bw)	**дукха**	[duqa]
niet lang (bw)	**дукха дац**	[duqa daʦ]
vroeg (bijv. ~ in de ochtend)	**хьалха**	[halha]
laat (bw)	**тlаьхьа**	[thæha]
voor altijd (bw)	**даиманна**	[daimaŋa]
beginnen (ww)	**доло**	[dɔlɔ]
uitstellen (ww)	**тlаьхьадаккха**	[thæhadak:a]
tegelijkertijd (bw)	**цхьана хеннахь**	[ʦhana heŋah]
voortdurend (bw)	**даимлера**	[daimlera]
constant (bijv. ~ lawaai)	**хаддаза**	[had:aza]
tijdelijk (bn)	**ханна**	[haŋa]
soms (bw)	**наггахь**	[nag:ah]
zelden (bw)	**кеста ца хуьлу**	[kesta ʦa hylu]
vaak (bw)	**кест-кеста**	[kest kesta]

20. Tegenovergestelden

rijk (bn)	**хьал долу**	[hal dɔlu]
arm (bn)	**къен**	[qhen]
ziek (bn)	**цомгуш**	[ʦɔmguʃ]
gezond (bn)	**могуш**	[mɔguʃ]
groot (bn)	**доккха**	[dɔk:a]
klein (bn)	**жима**	[ʒima]
snel (bw)	**сиха**	[siha]
langzaam (bw)	**меллаша**	[mel:aʃa]
snel (bn)	**маса**	[masa]
langzaam (bn)	**меллаша**	[mel:aʃa]
vrolijk (bn)	**самукъане**	[samuqhane]
treurig (bn)	**гӀайгӀане**	[ɣajɣane]
samen (bw)	**цхьана**	[ʦhana]
apart (bw)	**къастина**	[qhastina]
hardop (~ lezen)	**хезаш**	[hezaʃ]
stil (~ lezen)	**ша-шена**	[ʃa ʃəna]
hoog (bn)	**лекха**	[leqa]
laag (bn)	**лоха**	[lɔha]
diep (bn)	**кӀоарга**	[k:ɔarga]
ondiep (bn)	**гомха**	[gɔmha]
ja	**хьаъ**	[ha]
nee	**хӀан-хӀа**	[han ha]
ver (bn)	**генара**	[genara]
dicht (bn)	**герггара**	[gerg:ara]
ver (bw)	**гена**	[gena]
dichtbij (bw)	**юххехь**	[juheh]
lang (bn)	**деха**	[deha]
kort (bn)	**доца**	[dɔʦa]
vriendelijk (goedhartig)	**дика**	[dika]
kwaad (bn)	**вон**	[vɔn]
gehuwd (mann.)	**зуда ялийна**	[zuda jali:na]
ongehuwd (mann.)	**зуд ялоза**	[zud jalɔza]
verbieden (ww)	**дехка**	[dehka]
toestaan (ww)	**магийта**	[magi:ta]
einde (het)	**чаккхе**	[ʧak:e]
begin (het)	**юьхь**	[juh]

linker (bn)	**аьрру**	[ær:u]
rechter (bn)	**аьтту**	[æt:u]
eerste (bn)	**хьалхара**	[halhara]
laatste (bn)	**тlаьххьара**	[thæhara]
misdaad (de)	**зулам**	[zulam]
bestraffing (de)	**таlзар**	[taəzar]
bevelen (ww)	**буьйр дан**	[byjr dan]
gehoorzamen (ww)	**муьтlахь хила**	[mythah hila]
recht (bn)	**нийса**	[ni:sa]
krom (bn)	**гона**	[gɔna]
paradijs (het)	**ялсамани**	[jalsamani]
hel (de)	**жоьжахати**	[ʒøʒahati]
geboren worden (ww)	**хила**	[hila]
sterven (ww)	**дала**	[dala]
sterk (bn)	**нуьцкъала**	[nyʦqhala]
zwak (bn)	**гlийла**	[ɣi:la]
oud (bn)	**къена**	[qhena]
jong (bn)	**къона**	[qhɔna]
oud (bn)	**тиша**	[tiʃa]
nieuw (bn)	**цlина**	[ʦhina]
hard (bn)	**чlоаrlа**	[ʧhɔaɣa]
zacht (bn)	**кlеда**	[k:eda]
warm (bn)	**мела**	[mela]
koud (bn)	**шийла**	[ʃi:la]
dik (bn)	**стомма**	[stɔm:a]
dun (bn)	**оза**	[ɔza]
smal (bn)	**готта**	[gɔt:a]
breed (bn)	**шуьйра**	[ʃyjra]
goed (bn)	**дика**	[dika]
slecht (bn)	**вон**	[vɔn]
moedig (bn)	**майра**	[majra]
laf (bn)	**осала**	[ɔsala]

21. Lijnen en vormen

vierkant (het)	**квадрат**	[kvadrat]
vierkant (bn)	**квадратан**	[kvadratan]
cirkel (de)	**го**	[gɔ]
rond (bn)	**горга**	[gɔrga]

driehoek (de)	**кхосаберг**	[qɔsaberg]
driehoekig (bn)	**кхо са болу**	[qɔ sa bɔlu]
ovaal (het)	**овал**	[ɔval]
ovaal (bn)	**овалан**	[ɔvalan]
rechthoek (de)	**нийса саберг**	[ni:sa saberg]
rechthoekig (bn)	**нийса сенаш долу**	[ni:sa senaʃ dɔlu]
piramide (de)	**пирамида**	[piramida]
ruit (de)	**ромб**	[rɔmb]
trapezium (het)	**трапеци**	[trapeʦi]
kubus (de)	**куб**	[kub]
prisma (het)	**призма**	[prizma]
omtrek (de)	**хlоз**	[hɔz]
bol, sfeer (de)	**тlехула**	[thehula]
bal (de)	**горгал**	[gɔrgal]
diameter (de)	**диаметр**	[diametr]
straal (de)	**радиус**	[radius]
omtrek (~ van een cirkel)	**периметр**	[perimetr]
middelpunt (het)	**центр**	[ʦentr]
horizontaal (bn)	**ана**	[ana]
verticaal (bn)	**ирх**	[irh]
parallel (de)	**параллель**	[paral:eʎ]
parallel (bn)	**параллельни**	[paral:eʎni]
lijn (de)	**сиз**	[siz]
streep (de)	**сиз**	[siz]
rechte lijn (de)	**нийсаниг**	[ni:sanig]
kromme (de)	**гома сиз**	[gɔma siz]
dun (bn)	**дуткъа**	[dutqha]
omlijning (de)	**гlаларт**	[ɣalart]
snijpunt (het)	**хадор**	[hadɔr]
rechte hoek (de)	**нийса саберг**	[ni:sa saberg]
segment (het)	**сегмент**	[segment]
sector (de)	**сектор**	[sektɔr]
zijde (de)	**агlо**	[aɣɔ]
hoek (de)	**са**	[sa]

22. Meeteenheden

gewicht (het)	**дозалла**	[dɔzal:a]
lengte (de)	**йохалла**	[johal:a]
breedte (de)	**шоралла**	[ʃɔral:a]
hoogte (de)	**лакхалла**	[laqal:a]
diepte (de)	**кlоргалла**	[k:ɔrgal:a]
volume (het)	**дукхалла**	[duqal:a]
oppervlakte (de)	**майда**	[majda]
gram (het)	**грамм**	[gram:]
milligram (het)	**миллиграмм**	[mil:igram:]

kilogram (het)	**килограмм**	[kilɔgram:]
ton (duizend kilo)	**тонна**	[tɔŋa]
pond (het)	**герка**	[gerka]
ons (het)	**унци**	[unʦi]
meter (de)	**метр**	[metr]
millimeter (de)	**миллиметр**	[mil:imetr]
centimeter (de)	**сантиметр**	[santimetr]
kilometer (de)	**километр**	[kilɔmetr]
mijl (de)	**миля**	[miʎa]
duim (de)	**дюйм**	[dyjm]
voet (de)	**фут**	[fut]
yard (de)	**ярд**	[jard]
vierkante meter (de)	**квадратни метр**	[kvadratni metr]
hectare (de)	**гектар**	[gektar]
liter (de)	**литр**	[litr]
graad (de)	**градус**	[gradus]
volt (de)	**вольт**	[vɔʎt]
ampère (de)	**ампер**	[amper]
paardenkracht (de)	**говран ницкъ**	[gɔvran niʦqh]
hoeveelheid (de)	**дукхалла**	[duqal:a]
een beetje ...	**кlезиг**	[k:ezig]
helft (de)	**ах**	[ah]
dozijn (het)	**цlов**	[ʦhɔv]
stuk (het)	**цхьаъ**	[ʦha]
afmeting (de)	**барам**	[baram]
schaal (bijv. ~ van 1 op 50)	**масштаб**	[masʃtab]
minimaal (bn)	**уггар кlезиг**	[ug:ar k:ezig]
minste (bn)	**уггара кlезигаха долу**	[ug:ara k:ezigaha dɔlu]
medium (bn)	**юккъера**	[jukqhera]
maximaal (bn)	**уггар дукха**	[ug:ar duqa]
grootste (bn)	**уггара дукхаха долу**	[ug:ara duqaha dɔlu]

23. Containers

glazen pot (de)	**банка**	[baŋka]
blik (conserven~)	**банка**	[baŋka]
emmer (de)	**ведар**	[wedar]
ton (bijv. regenton)	**боьшка**	[bøʃka]
ronde waterbak (de)	**тас**	[tas]
tank (bijv. watertank-70-ltr)	**бак**	[bak]
heupfles (de)	**фляжк**	[fʎaʒk]
jerrycan (de)	**канистр**	[kanistr]
tank (bijv. ketelwagen)	**цистерна**	[ʦisterna]
beker (de)	**кружка**	[kruʒka]
kopje (het)	**кад**	[kad]

schoteltje (het)	**бошхап**	[bɔʃhap]
glas (het)	**стака**	[staka]
wijnglas (het)	**кад**	[kad]
steelpan (de)	**яй**	[jaj]
fles (de)	**шиша**	[ʃiʃa]
flessenhals (de)	**бертиг**	[bertig]
karaf (de)	**сурийла**	[suri:la]
kruik (de)	**кlудал**	[k:udal]
vat (het)	**пхьегlа**	[pheɣa]
pot (de)	**кхаба**	[qaba]
vaas (de)	**ваза**	[vaza]
flacon (de)	**флакон**	[flakɔn]
flesje (het)	**шиша**	[ʃiʃa]
tube (bijv. ~ tandpasta)	**тюбик**	[tybik]
zak (bijv. ~ aardappelen)	**гали**	[gali]
tasje (het)	**пакет**	[paket]
pakje (~ sigaretten, enz.)	**ботт**	[bɔt:]
doos (de)	**гlутакх**	[ɣutaq]
kist (de)	**яьшка**	[jaʃka]
mand (de)	**тускар**	[tuskar]

24. Materialen

materiaal (het)	**коьчал**	[køʧal]
hout (het)	**дитт**	[dit:]
houten (bn)	**дечиган**	[deʧigan]
glas (het)	**ангали**	[aŋali]
glazen (bn)	**ангалин**	[aŋalin]
steen (de)	**тlулг**	[thulg]
stenen (bn)	**тlулган**	[thulgan]
plastic (het)	**пластик**	[plastik]
plastic (bn)	**пластмассови**	[plastmas:ɔwi]
rubber (het)	**резина**	[rezina]
rubber-, rubberen (bn)	**резинин**	[rezinin]
stof (de)	**кlади**	[k:adi]
van stof (bn)	**кlадах**	[k:adah]
papier (het)	**кехат**	[kehat]
papieren (bn)	**кехатан**	[kehatan]
karton (het)	**мужалт**	[muʒalt]
kartonnen (bn)	**мужалтан**	[muʒaltan]
polyethyleen (het)	**полиэтилен**	[pɔliɛtilen]
cellofaan (het)	**целлофан**	[ʦel:ɔfan]

multiplex (het)	**фанера**	[fanera]
porselein (het)	**кlайн кхийра**	[k:ajn qi:ra]
porseleinen (bn)	**кlайчу кхийран**	[k:ajʧu qi:ran]
klei (de)	**поппар**	[pɔp:ar]
klei-, van klei (bn)	**кхийра**	[qi:ra]
keramiek (de)	**кхийра**	[qi:ra]
keramieken (bn)	**кхийран**	[qi:ran]

25. Metalen

metaal (het)	**металл**	[metal:]
metalen (bn)	**металлан**	[metal:an]
legering (de)	**лалам**	[lalam]
goud (het)	**деши**	[deʃi]
gouden (bn)	**дашо**	[daʃɔ]
zilver (het)	**дети**	[deti]
zilveren (bn)	**дато**	[datɔ]
IJzer (het)	**эчиг**	[ɛʧig]
IJzeren (bn)	**аьчка**	[æʧka]
staal (het)	**болат**	[bɔlat]
stalen (bn)	**болатан**	[bɔlatan]
koper (het)	**цlаста**	[ʦhasta]
koperen (bn)	**цlастан**	[ʦhastan]
aluminium (het)	**наштар**	[naʃtar]
aluminium (bn)	**наштаран**	[naʃtaran]
brons (het)	**борза**	[bɔrza]
bronzen (bn)	**борзанан**	[bɔrzanan]
messing (het)	**латунь**	[latuɲ]
nikkel (het)	**никель**	[nikeʎ]
platina (het)	**кlайн деши**	[k:ajn deʃi]
kwik (het)	**гинсу**	[ginsu]
tin (het)	**гlели**	[ɣeli]
lood (het)	**даш**	[daʃ]
zink (het)	**цинк**	[ʦiŋk]

MENS

Mens. Het lichaam

26. Mensen. Basisbegrippen

mens (de)	**стаг**	[stɑg]
man (de)	**боьрша стаг**	[børʃɑ stɑg]
vrouw (de)	**зуда**	[zudɑ]
kind (het)	**бер**	[ber]
meisje (het)	**жима йоl**	[ʒimɑ joə]
jongen (de)	**кlант**	[k:ɑnt]
tiener, adolescent (de)	**кхиазхо**	[qiɑzho]
oude man (de)	**воккха стаг**	[vɔk:ɑ stɑg]
oude vrouw (de)	**йоккха стаг**	[jok:ɑ stɑg]

27. Menselijke anatomie

organisme (het)	**организм**	[ɔrgɑnizm]
hart (het)	**дог**	[dɔg]
bloed (het)	**цlий**	[ʦhi:]
slagader (de)	**дегапха**	[degɑpha]
ader (de)	**пха**	[pha]
hersenen (mv.)	**хье**	[he]
zenuw (de)	**нерв**	[nerv]
zenuwen (mv.)	**нерваш**	[nervɑʃ]
wervel (de)	**букъдаьlахк**	[buqhdæəɑhk]
ruggengraat (de)	**букъсурт**	[buqhsurt]
maag (de)	**хьер**	[her]
darmen (mv.)	**чуьйраш**	[ʧyjrɑʃ]
darm (de)	**йоьхь**	[jøh]
lever (de)	**доlах**	[dɔəɑh]
nier (de)	**чlениг**	[ʧhenig]
been (deel van het skelet)	**даьlахк**	[dæəɑhk]
skelet (het)	**скелет**	[skelet]
rib (de)	**пlенда**	[phendɑ]
schedel (de)	**туьта**	[tytɑ]
spier (de)	**дилха**	[dilha]
biceps (de)	**пхьаьрсан пхьид**	[phærsɑn phid]
triceps (de)	**трицепс**	[triʦeps]
pees (de)	**хьорзам**	[hɔrzɑm]
gewricht (het)	**хоттар**	[hot:ɑr]

longen (mv.)	**пехаш**	[pehaʃ]
geslachtsorganen (mv.)	**стен-боьршаллин органаш**	[sten børʃal:in ɔrganaʃ]
huid (de)	**цIока**	[ʦhɔka]

28. Hoofd

hoofd (het)	**корта**	[kɔrta]
gezicht (het)	**юьхь**	[juh]
neus (de)	**мара**	[mara]
mond (de)	**бага**	[baga]
oog (het)	**бIаьрга**	[bəærga]
ogen (mv.)	**бIаьргаш**	[bəærgaʃ]
pupil (de)	**йоIбIаьрг**	[joəbəærg]
wenkbrauw (de)	**цIоцкъам**	[ʦhɔʦqham]
wimper (de)	**бIарган негIарийн чоьш**	[bəargan neɣari:n ʧøʃ]
ooglid (het)	**бIаьрганегIар**	[bəærganeɣar]
tong (de)	**мотт**	[mɔt:]
tand (de)	**церг**	[ʦerg]
lippen (mv.)	**балдаш**	[baldaʃ]
jukbeenderen (mv.)	**бIаьрадаьIахкаш**	[bəæradææahkaʃ]
tandvlees (het)	**доьлаш**	[dølaʃ]
gehemelte (het)	**стигал**	[stigal]
neusgaten (mv.)	**меран Iуьргаш**	[meran əyrgaʃ]
kin (de)	**чIениг**	[ʧhenig]
kaak (de)	**мочхал**	[mɔʧhal]
wang (de)	**бесни**	[besni]
voorhoofd (het)	**хьаж**	[haʒ]
slaap (de)	**лергаюх**	[lergajuh]
oor (het)	**лерг**	[lerg]
achterhoofd (het)	**кIесаркIаг**	[k:esark:ag]
hals (de)	**ворта**	[vɔrta]
keel (de)	**къамкъарг**	[qhamqharg]
haren (mv.)	**месаш**	[mesaʃ]
kapsel (het)	**тойина месаш**	[tɔjına mesaʃ]
haarsnit (de)	**месаш дIахедор**	[mesaʃ dəahedɔr]
pruik (de)	**парик**	[parik]
snor (de)	**мекхаш**	[meqaʃ]
baard (de)	**маж**	[maʒ]
dragen (een baard, enz.)	**лело**	[lelɔ]
vlecht (de)	**кIажар**	[k:aʒar]
bakkebaarden (mv.)	**бакенбардаш**	[bakenbardaʃ]
ros (roodachtig, rossig)	**хьаьрса**	[hærsa]
grijs (~ haar)	**къоьжа**	[qhøʒa]
kaal (bn)	**кIунзал**	[k:unzal]
kale plek (de)	**кIунзал**	[k:unzal]
paardenstaart (de)	**цIога**	[ʦhɔga]
pony (de)	**кIужал**	[k:uʒal]

29. Menselijk lichaam

hand (de)	**тӏара**	[thara]
arm (de)	**куьйг**	[kyjg]
vinger (de)	**пӏелг**	[phelg]
duim (de)	**нана пӏелг**	[nana phelg]
pink (de)	**цӏаза-пӏелг**	[ʦhaza phelg]
nagel (de)	**мӏара**	[məara]
vuist (de)	**буй**	[buj]
handpalm (de)	**кераюкъ**	[kerajuqh]
pols (de)	**куьйган хьакхолг**	[kyjgan haqɔlg]
voorarm (de)	**пхьарс**	[phars]
elleboog (de)	**гола**	[gɔla]
schouder (de)	**белш**	[belʃ]
been (rechter ~)	**ког**	[kɔg]
voet (de)	**коган кӏело**	[kɔgan k:elɔ]
knie (de)	**гола**	[gɔla]
kuit (de)	**пхьид**	[phid]
heup (de)	**варе**	[vare]
hiel (de)	**кӏажа**	[k:aʒa]
lichaam (het)	**дегӏ**	[deɣ]
buik (de)	**гай**	[gaj]
borst (de)	**накха**	[naqa]
borst (de)	**накха**	[naqa]
zijde (de)	**агӏо**	[aɣɔ]
rug (de)	**букъ**	[buqh]
lage rug (de)	**хоттарш**	[hot:arʃ]
taille (de)	**гӏодаюкъ**	[ɣɔdajuqh]
navel (de)	**цӏонга**	[ʦhɔŋa]
billen (mv.)	**хенан маьӏиг**	[henan mæəig]
achterwerk (het)	**тӏехье**	[thehe]
huidvlek (de)	**кӏеда**	[k:eda]
moedervlek (de)	**минга**	[miŋa]
tatoeage (de)	**дагар**	[dagar]
litteken (het)	**мо**	[mɔ]

Kleding en accessoires

30. Bovenkleding. Jassen

kleren (mv.), kleding (de)	**бедар**	[bedɑr]
bovenkleding (de)	**тӀехула юху бедар**	[thehulɑ juhu bedɑr]
winterkleding (de)	**Ӏаьнан барзакъ**	[əænɑn bɑrzɑqh]
jas (de)	**пальто**	[pɑʎtɔ]
bontjas (de)	**кетар**	[ketɑr]
bontjasje (het)	**йоца кетар**	[joʦɑ ketɑr]
donzen jas (de)	**месийн гоь**	[mesi:n gø]
jasje (bijv. een leren ~)	**куртка**	[kurtkɑ]
regenjas (de)	**плащ**	[plɑɕ]
waterdicht (bn)	**хи чекх ца долу**	[hi ʧeq ʦɑ dɔlu]

31. Heren & dames kleding

overhemd (het)	**коч**	[kɔʧ]
broek (de)	**хеча**	[heʧɑ]
jeans (de)	**джинсаш**	[ʤinsɑʃ]
colbert (de)	**пиджак**	[piʤɑk]
kostuum (het)	**костюм**	[kɔstym]
jurk (de)	**бедар**	[bedɑr]
rok (de)	**юпка**	[jupkɑ]
blouse (de)	**блузка**	[bluzkɑ]
wollen vest (de)	**кофта**	[kɔftɑ]
blazer (kort jasje)	**жакет**	[ʒɑket]
T-shirt (het)	**футболк**	[futbɔlk]
shorts (mv.)	**шорташ**	[ʃɔrtɑʃ]
trainingspak (het)	**спортан костюм**	[spɔrtɑn kɔstym]
badjas (de)	**оба**	[ɔbɑ]
pyjama (de)	**пижама**	[piʒɑmɑ]
sweater (de)	**свитер**	[switer]
pullover (de)	**пуловер**	[pulɔwer]
gilet (het)	**жилет**	[ʒilet]
rokkostuum (het)	**фрак**	[frɑk]
smoking (de)	**смокинг**	[smɔkiŋ]
uniform (het)	**форма**	[fɔrmɑ]
werkkleding (de)	**белхан бедар**	[belhɑn bedɑr]
overall (de)	**комбинезон**	[kɔmbinezɔn]
doktersjas (de)	**оба**	[ɔbɑ]

32. Kleding. Ondergoed

ondergoed (het)	**чухулаюху хlуманаш**	[ʧuhulajuhu humanaʃ]
onderhemd (het)	**майка**	[majka]
sokken (mv.)	**пазаташ**	[pazataʃ]
nachthemd (het)	**вуьжуш юху коч**	[vyʒuʃ juhu kɔʧ]
beha (de)	**бюстгалтер**	[bystgalter]
kniekousen (mv.)	**пазаташ**	[pazataʃ]
panty (de)	**колготкаш**	[kɔlgɔtkaʃ]
nylonkousen (mv.)	**пазаташ**	[pazataʃ]
badpak (het)	**луьйчушъюхург**	[lyjʧuʃʰjuhurg]

33. Hoofddeksels

hoed (de)	**куй**	[kuj]
deukhoed (de)	**шляпа**	[ʃʎapa]
honkbalpet (de)	**бейсболк**	[bejsbɔlk]
kleppet (de)	**кепка**	[kepka]
baret (de)	**берет**	[beret]
kap (de)	**бошлакх**	[bɔʃlaq]
panamahoed (de)	**панамка**	[panamka]
gebreide muts (de)	**юьйцина куй**	[jujʦina kuj]
hoofddoek (de)	**йовлакх**	[jovlaq]
dameshoed (de)	**шляпин цуьрг**	[ʃʎapin ʦyrg]
veiligheidshelm (de)	**каска**	[kaska]
veldmuts (de)	**пилотка**	[pilɔtka]
helm, valhelm (de)	**гlем**	[ɣem]
bolhoed (de)	**яй**	[jaj]
hoge hoed (de)	**цилиндр**	[ʦilindr]

34. Schoeisel

schoeisel (het)	**мача**	[maʧa]
schoenen (mv.)	**батенкаш**	[bateŋkaʃ]
vrouwenschoenen (mv.)	**туфлеш**	[tufleʃ]
laarzen (mv.)	**эткаш**	[ɛtkaʃ]
pantoffels (mv.)	**кlархаш**	[k:arhaʃ]
sportschoenen (mv.)	**красовкаш**	[krasɔvkaʃ]
sneakers (mv.)	**кеди**	[kedi]
sandalen (mv.)	**сандалеш**	[sandaleʃ]
schoenlapper (de)	**эткийн пхьар**	[ɛtki:n phar]
hiel (de)	**кlажа**	[k:aʒa]
paar (een ~ schoenen)	**шиъ**	[ʃi]
veter (de)	**чимчаргlа**	[ʧimʧarɣa]

rijgen (schoenen ~)	**чимчаргӀа дӀадехка**	[ʧimʧarɣa dəadehka]
schoenlepel (de)	**Ӏайг**	[əajg]
schoensmeer (de/het)	**мачийн крем**	[maʧi:n krem]

35. Textiel. Weefsel

katoen (de/het)	**бамба**	[bamba]
katoenen (bn)	**бамбан**	[bamban]
vlas (het)	**вета**	[weta]
vlas-, van vlas (bn)	**ветан**	[wetan]
zijde (de)	**чилла**	[ʧil:a]
zijden (bn)	**чилланан**	[ʧil:anan]
wol (de)	**тӀаргӀа**	[tharɣa]
wollen (bn)	**тӀергӀан**	[therɣan]
fluweel (het)	**бархат**	[barhat]
suède (de)	**замша**	[zamʃa]
ribfluweel (het)	**хут**	[hut]
nylon (de/het)	**нейлон**	[nejlɔn]
nylon-, van nylon (bn)	**нейлонан**	[nejlɔnan]
polyester (het)	**полиэстер**	[pɔliɛster]
polyester- (abn)	**полиэстеран**	[pɔliɛsteran]
leer (het)	**тӀаьрсиг**	[thærsig]
leren (van leer gemaak)	**тӀаьрсиган**	[thærsigan]
bont (het)	**чо**	[ʧɔ]
bont- (abn)	**чо болу**	[ʧɔ bɔlu]

36. Persoonlijke accessoires

handschoenen (mv.)	**карнаш**	[karnaʃ]
wanten (mv.)	**каранаш**	[karanaʃ]
sjaal (fleece ~)	**шарф**	[ʃarf]
bril (de)	**куьзганаш**	[kyzganaʃ]
brilmontuur (het)	**куьзганийн гура**	[kyzgani:n gura]
paraplu (de)	**зонтик**	[zɔntik]
wandelstok (de)	**Ӏасалг**	[əasalg]
haarborstel (de)	**щётка**	[ɕ3tka]
waaier (de)	**мохтухург**	[mɔhtuhurg]
das (de)	**галстук**	[galstuk]
strikje (het)	**галстук-бабочка**	[galstuk babɔʧka]
bretels (mv.)	**доьхкарш**	[døhkarʃ]
zakdoek (de)	**мерах хьокху йовлакх**	[merah hɔqu jovlaq]
kam (de)	**ехк**	[ehk]
haarspeldje (het)	**маха**	[maha]
schuifspeldje (het)	**мӀара**	[məara]
gesp (de)	**кӀега**	[k:ega]

broekriem (de)	**доьхка**	[døhkɑ]
draagriem (de)	**бухка**	[buhkɑ]
handtas (de)	**тlормиг**	[thɔrmig]
damestas (de)	**тlормиг**	[thɔrmig]
rugzak (de)	**рюкзак**	[rykzɑk]

37. Kleding. Diversen

mode (de)	**мода**	[mɔdɑ]
de mode (bn)	**модехь долу**	[mɔdeh dɔlu]
kledingstilist (de)	**модельхо**	[mɔdeʎho]
kraag (de)	**кач**	[kɑʧ]
zak (de)	**киса**	[kisɑ]
zak- (abn)	**кисанан**	[kisɑnɑn]
mouw (de)	**пхьош**	[phɔʃ]
lusje (het)	**лалам**	[lɑlɑm]
gulp (de)	**ширинка**	[ʃiriŋkɑ]
rits (de)	**догlа**	[dɔɣɑ]
sluiting (de)	**туьйдарг**	[tyjdɑrg]
knoop (de)	**нуьйда**	[nyjdɑ]
knoopsgat (het)	**туьйдарг**	[tyjdɑrg]
losraken (bijv. knopen)	**дlадала**	[dəɑdɑlɑ]
naaien (kleren, enz.)	**тега**	[tegɑ]
borduren (ww)	**дага**	[dɑgɑ]
borduursel (het)	**дагар**	[dɑgɑr]
naald (de)	**маха**	[mɑhɑ]
draad (de)	**тай**	[tɑj]
naad (de)	**эвна**	[ɛvnɑ]
vies worden (ww)	**бехдала**	[behdɑlɑ]
vlek (de)	**таммагlа**	[tɑm:ɑɣɑ]
gekreukt raken (ov. kleren)	**хьерча**	[herʧɑ]
scheuren (ov.ww.)	**датlо**	[dɑthɔ]
mot (de)	**неца**	[neʦɑ]

38. Persoonlijke verzorging. Schoonheidsmiddelen

tandpasta (de)	**цергийн паста**	[ʦergi:n pɑstɑ]
tandenborstel (de)	**цергийг щётка**	[ʦergi:g ɕɜtkɑ]
tanden poetsen (ww)	**цергаш цlанъян**	[ʦergɑʃ ʦhɑnʰjɑn]
scheermes (het)	**урс**	[urs]
scheerschuim (het)	**маж йошуш хьокху крем**	[mɑʒ jɔʃuʃ hɔqu krem]
zich scheren (ww)	**даша**	[dɑʃɑ]
zeep (de)	**саба**	[sɑbɑ]
shampoo (de)	**шампунь**	[ʃɑmpuɲ]
schaar (de)	**тукар**	[tukɑr]

nagelvijl (de)	**ков**	[kɔv]
nagelknipper (de)	**маlраш йоху морзах**	[maəraʃ johu mɔrzah]
pincet (het)	**пинцет**	[pinʦet]
cosmetica (de)	**косметика**	[kɔsmetika]
masker (het)	**маска**	[maska]
manicure (de)	**маникюр**	[manikyr]
manicure doen	**маникюр ян**	[manikyr jan]
pedicure (de)	**педикюр**	[pedikyr]
cosmetica tasje (het)	**косметичка**	[kɔsmetiʧka]
poeder (de/het)	**пудра**	[pudra]
poederdoos (de)	**пудрадухкург**	[pudraduhkurg]
rouge (de)	**цlен басарш**	[ʦhen basarʃ]
parfum (de/het)	**духlи**	[duhi]
eau de toilet (de)	**туалетан хи**	[tualetan hi]
lotion (de)	**лосьон**	[lɔsʲɔn]
eau de cologne (de)	**lатlар**	[əathar]
oogschaduw (de)	**тенеш**	[teneʃ]
oogpotlood (het)	**бlаргах хьокху къолам**	[bəargah hɔqu qhɔlam]
mascara (de)	**тушь**	[tuʃ]
lippenstift (de)	**балдех хьокху хьакхар**	[baldeh hɔqu haqar]
nagellak (de)	**маlрат хьокху лак**	[maərat hɔqu lak]
haarlak (de)	**месашт хьокху лак**	[mesaʃt hɔqu lak]
deodorant (de)	**дезодарант**	[dezɔdarant]
crème (de)	**крем**	[krem]
gezichtscrème (de)	**юьхьах хьокху крем**	[juhah hɔqu krem]
handcrème (de)	**куьйгах хьокху крем**	[kyjgah hɔqu krem]
antirimpelcrème (de)	**хершнаш дуьхьал крем**	[herʃnaʃ dyhal krem]
dag- (abn)	**дийнан**	[di:nan]
nacht- (abn)	**буьйсанан**	[byjsanan]
tampon (de)	**тампон**	[tampɔn]
toiletpapier (het)	**хьаштагlан кехат**	[haʃtaɣan kehat]
föhn (de)	**месашъякъорг**	[mesaʃʰjaqhɔrg]

39. Juwelen

sieraden (mv.)	**мехела хlума**	[mehela huma]
edel (bijv. ~ stenen)	**мехала**	[mehala]
keurmerk (het)	**цlеналла**	[ʦhenal:a]
ring (de)	**чlуг**	[ʧhug]
trouwring (de)	**тlорд**	[thɔrd]
armband (de)	**хlоз**	[hɔz]
oorringen (mv.)	**чlагарш**	[ʧhagarʃ]
halssnoer (het)	**туьтеш**	[tyteʃ]
kroon (de)	**таж**	[taʒ]
kralen snoer (het)	**туьтеш**	[tyteʃ]

diamant (de)	**бриллиант**	[bril:iant]
smaragd (de)	**изумруд**	[izumrud]
robijn (de)	**цlен алмаз**	[ʦhen almaz]
saffier (de)	**сапфир**	[sapfir]
parel (de)	**жовхlар**	[ʒɔvhar]
barnsteen (de)	**янтар**	[jantar]

40. Horloges. Klokken

polshorloge (het)	**пхьаьрсах доьхку сахьт**	[phærsah døhku saht]
wijzerplaat (de)	**циферблат**	[ʦiferblat]
wijzer (de)	**сахьтан цамза**	[sahtan ʦamza]
metalen horlogeband (de)	**сахьтан хlоз**	[sahtan hɔz]
horlogebandje (het)	**ремешок**	[remeʃɔk]
batterij (de)	**батарейка**	[batarejka]
leeg zijn (ww)	**охьахаа**	[ɔhaha:]
batterij vervangen	**хийца**	[hi:ʦa]
voorlopen (ww)	**сихадала**	[sihadala]
achterlopen (ww)	**тlехь лела**	[theh lela]
wandklok (de)	**пенах уллу сахьт**	[penah ul:u saht]
zandloper (de)	**гlамаран сахьт**	[ɣamaran saht]
zonnewijzer (de)	**маьлхан сахьт**	[mælhan saht]
wekker (de)	**сомавоккху сахьт**	[sɔmavɔk:u saht]
horlogemaker (de)	**сахьтийн пхьар**	[sahti:n phar]
repareren (ww)	**тадан**	[tadan]

Voedsel. Voeding

41. Voedsel

vlees (het)	**жижиг**	[ʒiʒig]
kip (de)	**котам**	[kɔtam]
kuiken (het)	**кlорни**	[k:ɔrni]
eend (de)	**бад**	[bad]
gans (de)	**гlаз**	[ɣaz]
wild (het)	**экха**	[ɛqa]
kalkoen (de)	**москал-котам**	[mɔskal kɔtam]
varkensvlees (het)	**хьакхин жижиг**	[haqin ʒiʒig]
kalfsvlees (het)	**эсан жижиг**	[ɛsan ʒiʒig]
schapenvlees (het)	**уьстагlан жижиг**	[ystaɣan ʒiʒig]
rundvlees (het)	**бежанан жижиг**	[beʒanan ʒiʒig]
konijnenvlees (het)	**пхьагал**	[phagal]
worst (de)	**марш**	[marʃ]
saucijs (de)	**йоьхь**	[jøh]
spek (het)	**бекон**	[bekɔn]
ham (de)	**дакъийна хьакхин жижиг**	[daqhi:na haqin ʒiʒig]
gerookte achterham (de)	**хьакхин гlоrl**	[haqin ɣɔɣ]
paté, pastei (de)	**паштет**	[paʃtet]
lever (de)	**доlах**	[dɔəah]
varkensvet (het)	**хьакхин дума**	[haqin duma]
gehakt (het)	**аьхьана жижиг**	[æhana ʒiʒig]
tong (de)	**мотт**	[mɔt:]
ei (het)	**хlоа**	[hɔa]
eieren (mv.)	**хlоаш**	[hɔaʃ]
eiwit (het)	**кlайн хlоа**	[k:ajn hɔa]
eigeel (het)	**буьйра**	[byjra]
vis (de)	**чlара**	[ʧhara]
zeevruchten (mv.)	**хlордан сурсаташ**	[hɔrdan sursataʃ]
kaviaar (de)	**зирх**	[zirh]
krab (de)	**краб**	[krab]
garnaal (de)	**креветка**	[krewetka]
oester (de)	**устрица**	[ustritsa]
langoest (de)	**лангуст**	[laŋust]
octopus (de)	**бархlкогберг**	[barhkɔgberg]
inktvis (de)	**кальмар**	[kaʎmar]
steur (de)	**иргlу**	[irɣu]
zalm (de)	**лосось**	[lɔsɔsʲ]
heilbot (de)	**палтус**	[paltus]
kabeljauw (de)	**треска**	[treska]

makreel (de)	**скумбри**	[skumbri]
tonijn (de)	**тунец**	[tunets]
paling (de)	**жlаьлин чlара**	[ʒəælin ʧhara]
forel (de)	**бакъ чlара**	[baqh ʧhara]
sardine (de)	**сардина**	[sardina]
snoek (de)	**гlазкхийн чlара**	[ɣazqi:n ʧhara]
haring (de)	**сельдь**	[seʎdʲ]
brood (het)	**бепиг**	[bepig]
kaas (de)	**нехча**	[nehʧa]
suiker (de)	**шекар**	[ʃəkar]
zout (het)	**туьха**	[tyha]
rijst (de)	**дуга**	[duga]
pasta (de)	**макаронаш**	[makarɔnaʃ]
noedels (mv.)	**гарзанаш**	[garzanaʃ]
boter (de)	**налха**	[nalha]
plantaardige olie (de)	**ораматийн даьтта**	[ɔramati:n dæt:a]
zonnebloemolie (de)	**хlун даьтта**	[hun dæt:a]
margarine (de)	**маргарин**	[margarin]
olijven (mv.)	**оливкаш**	[ɔlivkaʃ]
olijfolie (de)	**оливкан даьтта**	[ɔlivkan dæt:a]
melk (de)	**шура**	[ʃura]
gecondenseerde melk (de)	**юкъйина шура**	[juqhjɪna ʃura]
yoghurt (de)	**йогурт**	[jogurt]
zure room (de)	**тlо**	[thɔ]
room (de)	**гlаймакх**	[ɣajmaq]
mayonaise (de)	**майнез**	[majnez]
crème (de)	**крем**	[krem]
graan (het)	**lов**	[əɔv]
meel (het), bloem (de)	**дама**	[dama]
conserven (mv.)	**консерваш**	[kɔnservaʃ]
maïsvlokken (mv.)	**хьаьжкlийн чуьппалгаш**	[hæʒk:i:n ʧyp:algaʃ]
honing (de)	**моз**	[mɔz]
jam (de)	**джем**	[ʤem]
kauwgom (de)	**сеrlаз**	[seɣaz]

42. Drankjes

water (het)	**хи**	[hi]
drinkwater (het)	**молу хи**	[mɔlu hi]
mineraalwater (het)	**дарбане хи**	[darbane hi]
zonder gas	**газ йоцуш**	[gaz jotsuʃ]
koolzuurhoudend (bn)	**газ тоьхна**	[gaz tøhna]
bruisend (bn)	**газ йолуш**	[gaz joluʃ]
IJs (het)	**ша**	[ʃa]

met ijs	**ша болуш**	[ʃa bɔluʃ]
alcohol vrij (bn)	**алкоголь йоцу**	[alkɔgɔʎ joʦu]
alcohol vrije drank (de)	**алкоголь йоцу маларш**	[alkɔgɔʎ joʦu malarʃ]
frisdrank (de)	**хьогаллин малар**	[hɔgal:in malar]
limonade (de)	**лимонад**	[limɔnad]
alcoholische dranken (mv.)	**алкоголь йолу маларш**	[alkɔgɔʎ jolu malarʃ]
wijn (de)	**чаГlар**	[ʧaɣar]
witte wijn (de)	**кlай чаГlар**	[k:aj ʧaɣar]
rode wijn (de)	**цlен чаГlар**	[ʦhen ʧaɣar]
likeur (de)	**ликёр**	[likзr]
champagne (de)	**шампански**	[ʃampanski]
vermout (de)	**вермут**	[wermut]
whisky (de)	**виски**	[wiski]
wodka (de)	**къаьракъа**	[qhæraqha]
gin (de)	**джин**	[ʤin]
cognac (de)	**коньяк**	[kɔɲjak]
rum (de)	**ром**	[rɔm]
koffie (de)	**къахьо**	[qhahɔ]
zwarte koffie (de)	**lаьржа къахьо**	[əærʒa qhahɔ]
koffie (de) met melk	**шура тоьхна къахьо**	[ʃura tøhna qhahɔ]
cappuccino (de)	**Гlаймакх тоьхна къахьо**	[ɣajmaq tøhna qhahɔ]
oploskoffie (de)	**дешаш долу къахьо**	[deʃaʃ dɔlu qhahɔ]
melk (de)	**шура**	[ʃura]
cocktail (de)	**коктейль**	[kɔktejʎ]
milkshake (de)	**шурин коктейль**	[ʃurin kɔktejʎ]
sap (het)	**мутта**	[mut:a]
tomatensap (het)	**помидорийн мутта**	[pɔmidɔri:n mut:a]
sinaasappelsap (het)	**апельсинан мутта**	[apeʎsinan mut:a]
vers geperst sap (het)	**керла йаккха мутта**	[kerla jak:a mut:a]
bier (het)	**йий**	[ji:]
licht bier (het)	**сирла йий**	[sirla ji:]
donker bier (het)	**lаьржа йий**	[əærʒa ji:]
thee (de)	**чай**	[ʧaj]
zwarte thee (de)	**lаьржа чай**	[əærʒa ʧaj]
groene thee (de)	**баьццара чай**	[bæʦara ʧaj]

43. Groenten

groenten (mv.)	**хасстоьмаш**	[has:tømaʃ]
verse kruiden (mv.)	**Гlабуц**	[ɣabuʦ]
tomaat (de)	**помидор**	[pɔmidɔr]
augurk (de)	**наьрс**	[nærs]
wortel (de)	**жlонка**	[ʒəɔŋka]
aardappel (de)	**картол**	[kartɔl]
ui (de)	**хох**	[hoh]

knoflook (de)	**саьрмасекх**	[særmaseq]
kool (de)	**копаста**	[kɔpasta]
bloemkool (de)	**къорза копаста**	[qhɔrza kɔpasta]
spruitkool (de)	**брюссельски копаста**	[brys:eʎski kɔpasta]
broccoli (de)	**брокколи копаст**	[brɔk:ɔli kɔpast]
rode biet (de)	**бурак**	[burak]
aubergine (de)	**баклажан**	[baklaʒan]
courgette (de)	**кабачок**	[kabaʧɔk]
pompoen (de)	**гӀабакх**	[ɣabaq]
raap (de)	**хорсам**	[horsam]
peterselie (de)	**чам-буц**	[ʧam buʦ]
dille (de)	**оччам**	[ɔʧam]
sla (de)	**салат**	[salat]
selderij (de)	**сельдерей**	[seʎderej]
asperge (de)	**спаржа**	[sparʒa]
spinazie (de)	**шпинат**	[ʃpinat]
erwt (de)	**кхоьш**	[qøʃ]
bonen (mv.)	**кхоьш**	[qøʃ]
maïs (de)	**хьаьжкӀа**	[hæʒk:a]
boon (de)	**кхоь**	[qø]
peper (de)	**бурч**	[burʧ]
radijs (de)	**цӀен хорсам**	[ʦhen horsam]
artisjok (de)	**артишок**	[artiʃɔk]

44. Vruchten. Noten

vrucht (de)	**стом**	[stɔm]
appel (de)	**Ӏаж**	[əaʒ]
peer (de)	**кхор**	[qɔr]
citroen (de)	**лимон**	[limɔn]
sinaasappel (de)	**апельсин**	[apeʎsin]
aardbei (de)	**цӀазам**	[ʦhazam]
mandarijn (de)	**мандарин**	[mandarin]
pruim (de)	**хьач**	[haʧ]
perzik (de)	**гӀаммагӀа**	[ɣam:aɣa]
abrikoos (de)	**туьрк**	[tyrk]
framboos (de)	**комар**	[kɔmar]
ananas (de)	**ананас**	[ananas]
banaan (de)	**банан**	[banan]
watermeloen (de)	**хорбаз**	[horbaz]
druif (de)	**кемсаш**	[kemsaʃ]
kers (de)	**балл**	[bal:]
meloen (de)	**гӀабакх**	[ɣabaq]
grapefruit (de)	**грейпфрут**	[grejpfrut]
avocado (de)	**авокадо**	[avɔkadɔ]
papaja (de)	**папайя**	[papaja]
mango (de)	**манго**	[maŋɔ]

granaatappel (de)	**гранат**	[granat]
rode bes (de)	**цlен кхезарш**	[ʦhen qezarʃ]
zwarte bes (de)	**lаьржа кхезарш**	[əærʒa qezarʃ]
kruisbes (de)	**кlудалгаш**	[k:udalgaʃ]
bosbes (de)	**lаьржа балл**	[əærʒa bal:]
braambes (de)	**мангалкомар**	[maŋalkɔmar]
rozijn (de)	**кишмаш**	[kiʃmaʃ]
vijg (de)	**инжир**	[inʒir]
dadel (de)	**хурма**	[hurma]
pinda (de)	**орахис**	[ɔrahis]
amandel (de)	**миндаль**	[mindaʎ]
walnoot (de)	**бочабlар**	[bɔʧabəar]
hazelnoot (de)	**хlунан бlар**	[hunan bəar]
kokosnoot (de)	**кокосови бlар**	[kɔkɔsɔwi bəar]
pistaches (mv.)	**фисташкаш**	[fistaʃkaʃ]

45. Brood. Snoep

suikerbakkerij (de)	**кхачанан хlуманаш**	[qaʧanan humanaʃ]
brood (het)	**бепиг**	[bepig]
koekje (het)	**пичени**	[piʧeni]
chocolade (de)	**шоколад**	[ʃɔkɔlad]
chocolade- (abn)	**шоколадан**	[ʃɔkɔladan]
snoepje (het)	**кемпет**	[kempet]
cakeje (het)	**пирожни**	[pirɔʒni]
taart (bijv. verjaardags~)	**торт**	[tɔrt]
pastei (de)	**чуда**	[ʧuda]
vulling (de)	**чуйоьллинарг**	[ʧujøl:inarg]
confituur (de)	**варени**	[vareni]
marmelade (de)	**мармелад**	[marmelad]
wafel (de)	**вафлеш**	[vafleʃ]
IJsje (het)	**морожени**	[mɔrɔʒeni]

46. Bereide gerechten

gerecht (het)	**даар**	[da:r]
keuken (bijv. Franse ~)	**даарш**	[da:rʃ]
recept (het)	**рецепт**	[reʦept]
portie (de)	**порци**	[pɔrʦi]
salade (de)	**салат**	[salat]
soep (de)	**чорпа**	[ʧɔrpa]
bouillon (de)	**чорпа**	[ʧɔrpa]
boterham (de)	**бутерброд**	[buterbrɔd]
spiegelei (het)	**хlоаш**	[hɔaʃ]
hamburger (de)	**котлет**	[kɔtlet]

hamburger (de)	**гамбургер**	[gamburger]
biefstuk (de)	**бифштекс**	[bifʃteks]
hutspot (de)	**гӀурма**	[ɣurma]
garnering (de)	**гарнир**	[garnir]
spaghetti (de)	**спагетти**	[spaget:i]
aardappelpuree (de)	**картолийн худар**	[kartɔli:n hudar]
pizza (de)	**пицца**	[pitsa]
pap (de)	**худар**	[hudar]
omelet (de)	**омлет**	[ɔmlet]
gekookt (in water)	**кхехкийна**	[qehki:na]
gerookt (bn)	**кхаьгна**	[qægna]
gebakken (bn)	**кхерзина**	[qerzina]
gedroogd (bn)	**дакъийна**	[daqhi:na]
diepvries (bn)	**гӀорийна**	[ɣɔri:na]
gemarineerd (bn)	**берамала доьллина**	[beramala døl:ina]
zoet (bn)	**мерза**	[merza]
gezouten (bn)	**дуьра**	[dyra]
koud (bn)	**шийла**	[ʃi:la]
heet (bn)	**довха**	[dɔvha]
bitter (bn)	**къаьхьа**	[qhæha]
lekker (bn)	**чоме**	[ʧɔme]
koken (in kokend water)	**кхехко**	[qehkɔ]
bereiden (avondmaaltijd ~)	**кечдан**	[keʧdan]
bakken (ww)	**кхарза**	[qarza]
opwarmen (ww)	**дохдан**	[dɔhdan]
zouten (ww)	**туьха таса**	[tyha tasa]
peperen (ww)	**бурч таса**	[burʧ tasa]
raspen (ww)	**сатоха**	[satɔha]
schil (de)	**чкъуьйриг**	[ʧqhyjrig]
schillen (ww)	**цӀанъян**	[tshanʰjan]

47. Kruiden

zout (het)	**туьха**	[tyha]
gezouten (bn)	**дуьра**	[dyra]
zouten (ww)	**туьха таса**	[tyha tasa]
zwarte peper (de)	**Ӏаьржа бурч**	[əærʒa burʧ]
rode peper (de)	**цӀен бурч**	[tshen burʧ]
mosterd (de)	**кӀолла**	[k:ɔl:a]
mierikswortel (de)	**кӀон орам**	[k:ɔn ɔram]
condiment (het)	**чамбийриг**	[ʧambi:rig]
specerij , kruiderij (de)	**мерза юург**	[merza ju:rg]
saus (de)	**берам**	[beram]
azijn (de)	**къонза**	[qhɔnza]
anijs (de)	**анис**	[anis]
basilicum (de)	**базилик**	[bazilik]

kruidnagel (de)	**гвоздика**	[gvɔzdika]
gember (de)	**Iамбар**	[əambar]
koriander (de)	**кориандр**	[kɔriandr]
kaneel (de/het)	**корица**	[kɔrit͡sa]
sesamzaad (het)	**кунжут**	[kunʒut]
laurierblad (het)	**лавран гIа**	[lavran ɣa]
paprika (de)	**паприка**	[paprika]
komijn (de)	**циц**	[t͡sit͡s]
saffraan (de)	**шафран**	[ʃafran]

48. Maaltijden

eten (het)	**даар**	[da:r]
eten (ww)	**яаа**	[ja::]
ontbijt (het)	**марта**	[marta]
ontbijten (ww)	**марта даа**	[marta da:]
lunch (de)	**делкъан кхача**	[delqhan qat͡ʃa]
lunchen (ww)	**делкъана хIума яа**	[delqhana huma ja:]
avondeten (het)	**пхьор**	[phɔr]
souperen (ww)	**пхьор дан**	[phɔr dan]
eetlust (de)	**аппетит**	[ap:etit]
Eet smakelijk!	**ГIоза дойила!**	[ɣɔza dɔi:la]
openen (een fles ~)	**схьаела**	[shaela]
morsen (koffie, enz.)	**Iано**	[əanɔ]
zijn gemorst	**Iана**	[əana]
koken (water kookt bij 100°C)	**кхехка**	[qehka]
koken (Hoe om water te ~)	**кхехко**	[qehkɔ]
gekookt (~ water)	**кхехкийна**	[qehki:na]
afkoelen (koeler maken)	**шелдан**	[ʃəldan]
afkoelen (koeler worden)	**шелдала**	[ʃəldala]
smaak (de)	**чам**	[t͡ʃam]
nasmaak (de)	**кхин чам**	[qin t͡ʃam]
volgen een dieet	**аздала**	[azdala]
dieet (het)	**диета**	[dieta]
vitamine (de)	**втамин**	[vtamin]
calorie (de)	**калорий**	[kalɔri:]
vegetariër (de)	**дилхазахо**	[dilhazaho]
vegetarisch (bn)	**дилхаза**	[dilhaza]
vetten (mv.)	**дилхдаьтта**	[dilhdæt:a]
eiwitten (mv.)	**кIайн хIоа**	[k:ajn hɔa]
koolhydraten (mv.)	**углеводаш**	[uglevɔdaʃ]
snede (de)	**цастар**	[t͡sastar]
stuk (bijv. een ~ taart)	**юьхк**	[juhk]
kruimel (de)	**цуьрг**	[t͡syrg]

49. Tafelschikking

lepel (de)	Iайг	[əɑjg]
mes (het)	урс	[urs]
vork (de)	мIара	[məɑrɑ]
kopje (het)	кад	[kɑd]
bord (het)	бошхап	[bɔʃhɑp]
schoteltje (het)	бошхап	[bɔʃhɑp]
servet (het)	салфетка	[sɑlfetkɑ]
tandenstoker (de)	цергахъluттург	[ʦergɑhʰəut:urg]

50. Restaurant

restaurant (het)	ресторан	[restɔrɑn]
koffiehuis (het)	кофейни	[kɔfejni]
bar (de)	бар	[bɑr]
tearoom (de)	чайнан салон	[ʧɑjnɑn sɑlɔn]
kelner, ober (de)	официант	[ɔfitsiɑnt]
serveerster (de)	официантка	[ɔfitsiɑntkɑ]
barman (de)	бармен	[bɑrmen]
menu (het)	меню	[meny]
wijnkaart (de)	чаIаран карта	[ʧɑɣɑrɑn kɑrtɑ]
een tafel reserveren	стол цхьанна тIехь чIарIдан	[stɔl tshɑŋɑ theh ʧhɑɣdɑn]
gerecht (het)	даар	[dɑ:r]
bestellen (eten ~)	заказ ян	[zɑkɑz jɑn]
een bestelling maken	заказ ян	[zɑkɑz jɑn]
aperitief (de/het)	аперетив	[ɑperetiv]
voorgerecht (het)	тIекхоллург	[theqɔl:urg]
dessert (het)	десерт	[desert]
rekening (de)	счёт	[stʃɔt]
de rekening betalen	счётан мах бала	[stʃɔtɑn mɑh bɑlɑ]
wisselgeld teruggeven	юхадоrIург дала	[juhadɔɣurg dɑlɑ]
fooi (de)	чайнна хIума	[ʧɑjŋɑ humɑ]

Familie, verwanten en vrienden

51. Persoonlijke informatie. Formulieren

naam (de)	**цӀе**	[ʦhe]
achternaam (de)	**фамили**	[famili]
geboortedatum (de)	**вина терахь**	[wina terah]
geboorteplaats (de)	**вина меттиг**	[wina met:ig]
nationaliteit (de)	**къам**	[qham]
woonplaats (de)	**веха меттиг**	[weha met:ig]
land (het)	**мохк**	[mɔhk]
beroep (het)	**говзалла**	[gɔvzal:a]
geslacht (ov. het vrouwelijk ~)	**стен-боьршалла**	[sten børʃal:a]
lengte (de)	**локхалла**	[lɔqal:a]
gewicht (het)	**дозалла**	[dɔzal:a]

52. Familieleden. Verwanten

moeder (de)	**нана**	[nana]
vader (de)	**да**	[da]
zoon (de)	**воӀ**	[vɔə]
dochter (de)	**йоӀ**	[joə]
jongste dochter (de)	**жимаха йоӀ**	[ʒimaha joə]
jongste zoon (de)	**жимаха воӀ**	[ʒimaha vɔə]
oudste dochter (de)	**йоккхаха йоӀ**	[jok:aha joə]
oudste zoon (de)	**воккхаха воӀ**	[vɔk:aha vɔə]
broer (de)	**ваша**	[vaʃa]
zuster (de)	**йиша**	[jiʃa]
neef (zoon van oom/tante)	**шича**	[ʃiʧa]
nicht (dochter van oom/tante)	**шича**	[ʃiʧa]
mama (de)	**нана**	[nana]
papa (de)	**дада**	[dada]
ouders (mv.)	**да-нана**	[da nana]
kind (het)	**бер**	[ber]
kinderen (mv.)	**бераш**	[beraʃ]
oma (de)	**баба**	[baba]
opa (de)	**дада**	[dada]
kleinzoon (de)	**кӀентан, йоӀан кӀант**	[k:entan], [joəan k:ant]
kleindochter (de)	**кӀентан, йоӀан йоӀ**	[k:entan], [joəan joə]
kleinkinderen (mv.)	**кӀентан, йоӀан бераш**	[k:entan], [joəan beraʃ]
oom (de)	**ден ваша, ненан ваша**	[den vaʃa], [nenan vaʃa]

tante (de)	деца, неца	[detsa], [netsa]
neef (zoon van broer/zus)	вешин кӀант, йишин кӀант	[weʃin kːant], [jɪʃin kːant]
nicht (dochter van broer/zus)	вешин йоӀ, йишин йоӀ	[weʃin joə], [jɪʃin joə]

schoonmoeder (de)	стуннана	[stuŋana]
schoonvader (de)	марда	[marda]
schoonzoon (de)	нуц	[nuts]
stiefmoeder (de)	десте	[deste]
stiefvader (de)	ненан майра	[nenan majra]

zuigeling (de)	декхаш долу бер	[deqaʃ dɔlu ber]
wiegenkind (het)	бер	[ber]
kleuter (de)	жиманиг	[ʒimanig]

vrouw (de)	зуда	[zuda]
man (de)	майра	[majra]
echtgenoot (de)	майра	[majra]
echtgenote (de)	сесаг	[sesag]

gehuwd (mann.)	зуда ялийна	[zuda jaliːna]
gehuwd (vrouw.)	марехь	[mareh]
ongehuwd (mann.)	зуда ялоза	[zuda jalɔza]
vrijgezel (de)	зуда йоцург	[zuda jotsurg]
gescheiden (bn)	йитина	[jɪtina]
weduwe (de)	жеро	[ʒerɔ]
weduwnaar (de)	жера-стаг	[ʒera stag]

familielid (het)	гергара стаг	[gergara stag]
dichte familielid (het)	юххера гергара стаг	[juhera gergara stag]
verre familielid (het)	генара гергара стаг	[genara gergara stag]
familieleden (mv.)	гергара нах	[gergara nah]

wees (de), weeskind (het)	бо	[bɔ]
voogd (de)	верас	[weras]
adopteren (een jongen te ~)	кӀантан хӀотта	[kːantan hɔtːa]
adopteren (een meisje te ~)	йоьлан да хӀотта	[jøəan da hɔtːa]

53. Vrienden. Collega's

vriend (de)	доттагӀ	[dɔtːaɣ]
vriendin (de)	доттагӀ	[dɔtːaɣ]
vriendschap (de)	доттагӀалла	[dɔtːaɣalːa]
bevriend zijn (ww)	доттагӀалла лело	[dɔtːaɣalːa lelɔ]

makker (de)	доттагӀ	[dɔtːaɣ]
vriendin (de)	доттагӀ	[dɔtːaɣ]
partner (de)	декъашхо	[deqhaʃho]

chef (de)	куьйгалхо	[kyjgalhɔ]
baas (de)	хьаькам	[hækam]
ondergeschikte (de)	муьтӀахь верг	[mythah werg]
collega (de)	коллега	[kɔlːega]
kennis (de)	вевза стаг	[wevza stag]
medereiziger (de)	некъаннакъост	[neqhaŋaqhɔst]

klasgenoot (de)	**классхо**	[klas:ho]
buurman (de)	**лулахо**	[lulaho]
buurvrouw (de)	**лулахо**	[lulaho]
buren (mv.)	**лулахой**	[lulahoj]

54. Man. Vrouw

vrouw (de)	**зуда**	[zuda]
meisje (het)	**йоl**	[joə]
bruid (de)	**нускал**	[nuskal]
mooi(e) (vrouw, meisje)	**хаза**	[haza]
groot, grote (vrouw, meisje)	**лекха зуда**	[leqa zuda]
slank(e) (vrouw, meisje)	**куц долу зуда**	[kuʦ dɔlu zuda]
korte, kleine (vrouw, meisje)	**лохачу деглахь стаг**	[lɔhaʧu deɣah stag]
blondine (de)	**блондинка**	[blɔndiŋka]
brunette (de)	**брюнетка**	[brynetka]
dames- (abn)	**зударийн**	[zudari:n]
maagd (de)	**йоlстаг**	[joəstag]
zwanger (bn)	**берахниг**	[berahnig]
man (de)	**боьрша стаг**	[børʃa stag]
blonde man (de)	**блондин**	[blɔndin]
bruinharige man (de)	**брюнет**	[brynet]
groot (bn)	**лекха**	[leqa]
klein (bn)	**лохачу деглахь стаг**	[lɔhaʧu deɣah stag]
onbeleefd (bn)	**кlоршаме**	[k:ɔrʃame]
gedrongen (bn)	**воьртала**	[vørtala]
robuust (bn)	**чlогlа**	[ʧhɔɣa]
sterk (bn)	**нуьцкъала**	[nyʦqhala]
sterkte (de)	**ницкъ**	[niʦqh]
mollig (bn)	**дерстина**	[derstina]
getaand (bn)	**lаьржачу аматехь**	[əærʒaʧu amateh]
slank (bn)	**куц долу стаг**	[kuʦ dɔlu stag]
elegant (bn)	**оьзда**	[øzda]

55. Leeftijd

leeftijd (de)	**хан**	[han]
jeugd (de)	**къоналла**	[qhɔnal:a]
jong (bn)	**къона**	[qhɔna]
jonger (bn)	**жимаха**	[ʒimaha]
ouder (bn)	**воккхаха**	[vɔk:aha]
jongen (de)	**къонаниг**	[qhɔnanig]
tiener, adolescent (de)	**кхиазхо**	[qiazho]
kerel (de)	**жима стаг**	[ʒima stag]

oude man (de)	**воккха стаг**	[vɔk:a stag]
oude vrouw (de)	**йоккха стаг**	[jok:a stag]
volwassen (bn)	**кхиъна**	[qina]
van middelbare leeftijd (bn)	**юккъерчу шеран**	[juk:ʰertʃu ʃəran]
bejaard (bn)	**хан тӀехтилла**	[han thehtil:a]
oud (bn)	**къена**	[qhena]
pensioen (het)	**пенси**	[pensi]
met pensioen gaan	**пенси ваха**	[pensi vaha]
gepensioneerde (de)	**пенсионер**	[pensiɔner]

56. Kinderen

kind (het)	**бер**	[ber]
kinderen (mv.)	**бераш**	[beraʃ]
tweeling (de)	**шала дина бераш**	[ʃala dina beraʃ]
wieg (de)	**ага**	[aga]
rammelaar (de)	**экарг**	[ɛkarg]
luier (de)	**подгузник**	[pɔdguznik]
speen (de)	**тӀармаӀа**	[tharmaəa]
kinderwagen (de)	**гӀудалкх**	[ɣudalq]
kleuterschool (de)	**берийн беш**	[beri:n beʃ]
babysitter (de)	**баба**	[baba]
kindertijd (de)	**beралла**	[beral:a]
pop (de)	**тайниг**	[tajnig]
speelgoed (het)	**ловзо хӀума**	[lɔvzɔ huma]
bouwspeelgoed (het)	**конструктор**	[kɔnstruktɔr]
welopgevoed (bn)	**бакъхьара**	[baqhara]
onopgevoed (bn)	**оьздангалла йоцу**	[øzdaŋal:a jotsu]
verwend (bn)	**боча Ӏамийна**	[bɔtʃa əami:na]
stout zijn (ww)	**харцхьара лела**	[hartshara lela]
stout (bn)	**вон лела**	[vɔn lela]
stoutheid (de)	**харцхьаралла**	[hartsharal:a]
stouterd (de)	**харцхьарниг**	[hartsharnig]
gehoorzaam (bn)	**ладугӀу**	[laduɣu]
ongehoorzaam (bn)	**ладугӀуш доцу**	[laduɣuʃ dɔtsu]
braaf (bn)	**кхетаме**	[qetame]
slim (verstandig)	**хьекъале**	[heqhale]
wonderkind (het)	**вундеркинд**	[vunderkind]

57. Gehuwde paren. Gezinsleven

kussen (een kus geven)	**барташ даха**	[bartaʃ daha]
elkaar kussen (ww)	**обанаш баха**	[ɔbanaʃ baha]

gezin (het)	**доьзал**	[døzal]
gezins- (abn)	**доьзалан**	[døzalan]
paar (het)	**шиъ**	[ʃi]
huwelijk (het)	**брак**	[brak]
thuis (het)	**цӀийнан кхерч**	[ʦhi:nan qerʧ]
dynastie (de)	**династи**	[dinasti]
date (de)	**вовшехкхетар**	[vɔvʃəhqetar]
zoen (de)	**уба**	[uba]
liefde (de)	**безам**	[bezam]
liefhebben (ww)	**деза**	[deza]
geliefde (bn)	**везарг**	[wezarg]
tederheid (de)	**кӀеда-мерзалла**	[k:eda merzal:a]
teder (bn)	**кӀеда-мерза**	[k:eda merza]
trouw (de)	**тешаме хилар**	[teʃame hilar]
trouw (bn)	**тешаме**	[teʃame]
zorg (bijv. bejaarden~)	**гӀайгӀа**	[ɣajɣa]
zorgzaam (bn)	**гӀайгӀа йолу**	[ɣajɣa jolu]
jonggehuwden (mv.)	**къона мар-нускал**	[qhɔna mar nuskal]
wittebroodsweken (mv.)	**нускалан хан**	[nuskalan han]
trouwen (vrouw)	**маре яха**	[mare jaha]
trouwen (man)	**зуда яло**	[zuda jalɔ]
bruiloft (de)	**ловзар**	[lɔvzar]
gouden bruiloft (de)	**дашо ловзар**	[daʃɔ lɔvzar]
verjaardag (de)	**шо кхачар**	[ʃɔ qaʧar]
minnaar (de)	**везарг**	[wezarg]
minnares (de)	**езарг**	[ezarg]
overspel (het)	**ямартло**	[jamartlɔ]
overspel plegen (ww)	**ямартло яр**	[jamartlɔ jar]
jaloers (bn)	**эмгаралле**	[ɛmgaral:e]
jaloers zijn (echtgenoot, enz.)	**эмгаралла дан**	[ɛmgaral:a dan]
echtscheiding (de)	**дӀасакъастар**	[dəasaqhastar]
scheiden (ww)	**дӀасакъаста**	[dəasaqhasta]
ruzie hebben (ww)	**эгӀар**	[ɛɣar]
vrede sluiten (ww)	**тан**	[tan]
samen (bw)	**цхьана**	[ʦhana]
seks (de)	**секс**	[seks]
geluk (het)	**ирс**	[irs]
gelukkig (bn)	**ирсе**	[irse]
ongeluk (het)	**ирс цахилар**	[irs ʦahilar]
ongelukkig (bn)	**ирс доцу**	[irs dɔʦu]

Karakter. Gevoelens. Emoties

58. Gevoelens. Emoties

gevoel (het)	**синхаам**	[sinha:m]
gevoelens (mv.)	**синхаамаш**	[sinha:maʃ]
voelen (ww)	**хаадала**	[ha:dala]
honger (de)	**мацалла**	[matsal:a]
honger hebben (ww)	**хlума яаа лаа**	[huma ja:: la:]
dorst (de)	**хьогалла**	[hɔgal:a]
dorst hebben	**мала лаа**	[mala la:]
slaperigheid (de)	**наб яр**	[nab jar]
willen slapen	**наб ян лаа**	[nab jan la:]
moeheid (de)	**гlелдалар**	[ɣeldalar]
moe (bn)	**гlелделла**	[ɣeldel:a]
vermoeid raken (ww)	**гlелдала**	[ɣeldala]
stemming (de)	**дог-ойла**	[dɔg ɔjla]
verveling (de)	**сахьийзар**	[sahi:zar]
zich vervelen (ww)	**сагатдала**	[sagatdala]
afzondering (de)	**ша къастар**	[ʃa qhastar]
zich afzonderen (ww)	**ша къаста**	[ʃa qhasta]
bezorgd maken (ww)	**сагатдан**	[sagatdan]
zich bezorgd maken	**сагатдан**	[sagatdan]
zorg (bijv. geld~en)	**сагатдар**	[sagatdar]
ongerustheid (de)	**сагатдар**	[sagatdar]
ongerust (bn)	**гlайгlане**	[ɣajɣane]
zenuwachtig zijn (ww)	**дог этlа**	[dɔg ɛtha]
in paniek raken	**доха**	[dɔha]
hoop (de)	**сатуьйсийла**	[satyjsi:la]
hopen (ww)	**догдаха**	[dɔgdaha]
zekerheid (de)	**тешна хилар**	[teʃna hilar]
zeker (bn)	**тешна**	[teʃna]
onzekerheid (de)	**тешна цахилар**	[teʃna tsahilar]
onzeker (bn)	**тешна доцу**	[teʃna dɔtsu]
dronken (bn)	**вехна**	[wehna]
nuchter (bn)	**дахазниг**	[dahaznig]
zwak (bn)	**гlийла**	[ɣi:la]
gelukkig (bn)	**ирсе**	[irse]
doen schrikken (ww)	**кхеро**	[qerɔ]
toorn (de)	**хьерадалар**	[heradalar]
woede (de)	**луьралла**	[lyral:a]
depressie (de)	**депресси**	[depres:i]
ongemak (het)	**дискомфорт**	[diskɔmfɔrt]

gemak, comfort (het)	**комфорт**	[kɔmfɔrt]
spijt hebben (ww)	**дагахьбаллам хила**	[dagahbal:am hila]
spijt (de)	**дагахьбаллам**	[dagahbal:am]
pech (de)	**аьтто боцуш хилар**	[æt:ɔ bɔtsuʃ hilar]
bedroefdheid (de)	**халахетар**	[halahetar]
schaamte (de)	**эхь**	[ɛh]
pret (de), plezier (het)	**синкъерам**	[sinqheram]
enthousiasme (het)	**энтузиазм**	[ɛntuziazm]
enthousiasteling (de)	**энтузиаст**	[ɛntuziast]
enthousiasme vertonen	**энтузиазм гучаяккха**	[ɛntuziazm gutʃajak:a]

59. Karakter. Persoonlijkheid

karakter (het)	**амал**	[amal]
karakterfout (de)	**эшар**	[ɛʃar]
rede (de), verstand (het)	**хьекъал**	[heqhal]
geweten (het)	**эхь-бехк**	[ɛh behk]
gewoonte (de)	**марзделларг**	[marzdel:arg]
bekwaamheid (de)	**хьунар хилар**	[hunar hilar]
kunnen (bijv., ~ zwemmen)	**хаа**	[ha:]
geduldig (bn)	**собаре**	[sɔbare]
ongeduldig (bn)	**собар доцу**	[sɔbar dɔtsu]
nieuwsgierig (bn)	**хаа гlерта**	[ha: ɣerta]
nieuwsgierigheid (de)	**хаа гlертар**	[ha: ɣertar]
bescheidenheid (de)	**эсалалла**	[ɛsalal:a]
bescheiden (bn)	**эсала**	[ɛsala]
onbescheiden (bn)	**оьзда доцу**	[øzda dɔtsu]
luiheid (de)	**мало**	[malɔ]
lui (bn)	**мела**	[mela]
luiwammes (de)	**малонча**	[malɔntʃa]
sluwheid (de)	**хlилла**	[hil:a]
sluw (bn)	**хlиллане**	[hil:ane]
wantrouwen (het)	**цатешам**	[tsateʃam]
wantrouwig (bn)	**тешамза**	[teʃamza]
gulheid (de)	**комаьршалла**	[kɔmærʃal:a]
gul (bn)	**комаьрша**	[kɔmærʃa]
talentrijk (bn)	**похlме**	[pɔhme]
talent (het)	**похlма**	[pɔhma]
moedig (bn)	**майра**	[majra]
moed (de)	**майралла**	[majral:a]
eerlijk (bn)	**дог цlена**	[dɔg tshena]
eerlijkheid (de)	**дог цlеналла**	[dɔg tshenal:a]
voorzichtig (bn)	**ларлуш долу**	[larluʃ dɔlu]
manhaftig (bn)	**майра**	[majra]
ernstig (bn)	**ладаме**	[ladame]

streng (bn)	**къовламе**	[qhɔvlame]
resoluut (bn)	**хадам боллуш**	[hadam bɔl:uʃ]
onzeker, irresoluut (bn)	**ирке**	[irke]
schuchter (bn)	**стешха**	[steʃha]
schuchterheid (de)	**стешхалла**	[steʃhal:a]
vertrouwen (het)	**тешам**	[teʃam]
vertrouwen (ww)	**теша**	[teʃa]
goedgelovig (bn)	**тешаш долу**	[teʃaʃ dɔlu]
oprecht (bw)	**даггара**	[dag:ara]
oprecht (bn)	**даггара**	[dag:ara]
oprechtheid (de)	**догцIеналла**	[dɔgʦhenal:a]
open (bn)	**дуьххьал дIа**	[dyhal dəa]
rustig (bn)	**тийна**	[ti:na]
openhartig (bn)	**дог цIена**	[dɔg ʦhena]
naïef (bn)	**дог диллина стаг**	[dɔg dil:ina stag]
verstrooid (bn)	**тидаме доцу**	[tidame dɔʦu]
leuk, grappig (bn)	**беламе**	[belame]
gierigheid (de)	**сутаралла**	[sutaral:a]
gierig (bn)	**сутара**	[sutara]
inhalig (bn)	**бIаьрмециган**	[bəærmeʦigan]
kwaad (bn)	**вон**	[vɔn]
koppig (bn)	**духахьара**	[duhahara]
onaangenaam (bn)	**там боцу**	[tam bɔʦu]
egoïst (de)	**эгоист**	[ɛgɔist]
egoïstisch (bn)	**эгоизме**	[ɛgɔizme]
lafaard (de)	**стешха стаг**	[steʃha stag]
laf (bn)	**осала**	[ɔsala]

60. Slaap. Dromen

slapen (ww)	**наб ян**	[nab jan]
slaap (in ~ vallen)	**наб**	[nab]
droom (de)	**гIан**	[ɣan]
dromen (in de slaap)	**гIенаш ган**	[ɣenaʃ gan]
slaperig (bn)	**набаран**	[nabaran]
bed (het)	**маьнга**	[mæŋa]
matras (de)	**гоь**	[gø]
deken (de)	**юргIа**	[jurɣa]
kussen (het)	**гIайба**	[ɣajba]
laken (het)	**шаршу**	[ʃarʃu]
slapeloosheid (de)	**наб цакхетар**	[nab ʦaqetar]
slapeloos (bn)	**наб йоцу**	[nab jɔʦu]
slaapmiddel (het)	**наб йойту молханаш**	[nab jojtu mɔlhanaʃ]
slaapmiddel innemen	**наб йойту молханаш мала**	[nab jojtu mɔlhanaʃ mala]
willen slapen	**наб ян лаа**	[nab jan la:]
geeuwen (ww)	**бага гIетто**	[baga ɣet:ɔ]

gaan slapen	**наб я ваха**	[nab ja vaha]
het bed opmaken	**мотт билла**	[mɔt: bil:a]
inslapen (ww)	**наб кхета**	[nab qeta]
nachtmerrie (de)	**Iаламат**	[əalamat]
gesnurk (het)	**хар**	[har]
snurken (ww)	**хур-тIур дан**	[hur thur dan]
wekker (de)	**сомавоккху сахьт**	[sɔmavɔk:u saht]
wekken (ww)	**самадаккха**	[samadak:a]
wakker worden (ww)	**самадала**	[samadala]
opstaan (ww)	**хьалагIатта**	[halaɣat:a]
zich wassen (ww)	**дIадиладала**	[dəadiladala]

61. Humor. Gelach. Blijdschap

humor (de)	**белам**	[belam]
gevoel (het) voor humor	**синхаам**	[sinha:m]
plezier hebben (ww)	**сакъера**	[saqhera]
vrolijk (bn)	**самукъане**	[samuqhane]
pret (de), plezier (het)	**сакъерар**	[saqherar]
glimlach (de)	**делакъажар**	[delaqhaʒar]
glimlachen (ww)	**дела къежа**	[dela qheʒa]
beginnen te lachen (ww)	**деладала**	[deladala]
lachen (ww)	**дела**	[dela]
lach (de)	**белам**	[belam]
mop (de)	**анекдот**	[anekdɔt]
grappig (een ~ verhaal)	**беламе**	[belame]
grappig (~e clown)	**беламе**	[belame]
grappen maken (ww)	**забарш ян**	[zabarʃ jan]
grap (de)	**забар**	[zabar]
blijheid (de)	**хазахетар**	[hazahetar]
blij zijn (ww)	**хазахета**	[hazaheta]
blij (bn)	**хазахоьтуьйту**	[hazahøtyjtu]

62. Discussie, conversatie. Deel 1

communicatie (de)	**тIекере**	[thekere]
communiceren (ww)	**тIекере хила**	[thekere hila]
conversatie (de)	**къамел**	[qhamel]
dialoog (de)	**диалог**	[dialɔg]
discussie (de)	**дискусси**	[diskus:i]
debat (het)	**къовсам**	[qhɔvsam]
debatteren, twisten (ww)	**къийса**	[qhi:sa]
gesprekspartner (de)	**къамелхо**	[qhamelho]
thema (het)	**тема**	[tema]
standpunt (het)	**хетарг**	[hetarg]

mening (de)	**хетарг**	[hetarg]
toespraak (de)	**мотт**	[mɔt:]
bespreking (de)	**дийцаре диллар**	[di:ʦare dil:ar]
bespreken (spreken over)	**дийцаре дилла**	[di:ʦare dil:a]
gesprek (het)	**къамел**	[qhamel]
spreken (converseren)	**къамел дан**	[qhamel dan]
ontmoeting (de)	**дуьхьалдахар**	[dyhaldahar]
ontmoeten (ww)	**вовшахкхета**	[vɔvʃahqeta]
spreekwoord (het)	**кица**	[kiʦa]
gezegde (het)	**кица**	[kiʦa]
raadsel (het)	**хlетал-метал**	[hetal metal]
een raadsel opgeven	**хlетал-метал ала**	[hetal metal ala]
wachtwoord (het)	**пароль**	[parɔʎ]
geheim (het)	**хьулам**	[hulam]
eed (de)	**дуй**	[duj]
zweren (een eed doen)	**дуй баа**	[duj ba:]
belofte (de)	**ваlда**	[vaəda]
beloven (ww)	**ваlда дан**	[vaəda dan]
advies (het)	**хьехам**	[heham]
adviseren (ww)	**хьехам бан**	[heham ban]
luisteren (gehoorzamen)	**ладоrlа**	[ladɔɣa]
nieuws (het)	**керланиг**	[kerlanig]
sensatie (de)	**сенсаци**	[sensaʦi]
informatie (de)	**хабар**	[habar]
conclusie (de)	**жамl**	[ʒamə]
stem (de)	**аз**	[az]
compliment (het)	**тамехь дош**	[tameh dɔʃ]
vriendelijk (bn)	**безаме**	[bezame]
woord (het)	**дош**	[dɔʃ]
zin (de), zinsdeel (het)	**фраза**	[fraza]
antwoord (het)	**жоп**	[ʒɔp]
waarheid (de)	**бакъдерг**	[baqhderg]
leugen (de)	**аьшпаш**	[æʃpaʃ]
gedachte (de)	**ойла**	[ɔjla]
idee (de/het)	**ойла**	[ɔjla]
fantasie (de)	**дагадар**	[dagadar]

63. Discussie, conversatie. Deel 2

gerespecteerd (bn)	**лоруш долу**	[lɔruʃ dɔlu]
respecteren (ww)	**лара**	[lara]
respect (het)	**ларам**	[laram]
Geachte ... (brief)	**хьомсара**	[hɔmsara]
voorstellen (Mag ik jullie ~)	**довзо**	[dɔvzɔ]
intentie (de)	**дагахь хилар**	[dagah hilar]

intentie hebben (ww)	**ойла хилар**	[ɔjla hilar]
wens (de)	**алар**	[alar]
wensen (ww)	**ала**	[ala]
verbazing (de)	**цецдалар**	[tsetsdalar]
verbazen (verwonderen)	**цецдаккха**	[tsetsdak:a]
verbaasd zijn (ww)	**цецдала**	[tsetsdala]
geven (ww)	**дала**	[dala]
nemen (ww)	**схьаэца**	[shaətsa]
teruggeven (ww)	**юхадерзо**	[juhaderzɔ]
retourneren (ww)	**юхадала**	[juhadala]
zich verontschuldigen	**бехк цабиллар деха**	[behk tsabil:ar deha]
verontschuldiging (de)	**бехк цабиллар**	[behk tsabil:ar]
vergeven (ww)	**геч дан**	[getʃ dan]
spreken (ww)	**къамел дан**	[qhamel dan]
luisteren (ww)	**ладогІа**	[ladɔɣa]
aanhoren (ww)	**ладогІа**	[ladɔɣa]
begrijpen (ww)	**кхета**	[qeta]
tonen (ww)	**гайта**	[gajta]
kijken naar …	**хьежа**	[heʒa]
roepen (vragen te komen)	**кхайкха**	[qajqa]
storen (lastigvallen)	**новкъарло ян**	[nɔvqharlɔ jan]
doorgeven (ww)	**дІадала**	[dəadala]
verzoek (het)	**дехар**	[dehar]
verzoeken (ww)	**деха**	[deha]
eis (de)	**тІедожор**	[thedɔʒɔr]
eisen (met klem vragen)	**тІедожо**	[thedɔʒɔ]
beledigen (beledigende namen geven)	**хичаш ян**	[hitʃaʃ jan]
uitlachen (ww)	**дела**	[dela]
spot (de)	**кхардам**	[qardam]
bijnaam (de)	**харц цІе**	[harts tshe]
zinspeling (de)	**къадор**	[qhadɔr]
zinspelen (ww)	**къедо**	[qhedɔ]
impliceren (duiden op)	**дагахь хила**	[dagah hila]
beschrijving (de)	**сурт хІоттор**	[surt hɔt:ɔr]
beschrijven (ww)	**сурт хІотто**	[surt hɔt:ɔ]
lof (de)	**хастам**	[hastam]
loven (ww)	**хесто**	[hestɔ]
teleurstelling (de)	**безам балар**	[bezam balar]
teleurstellen (ww)	**безам байа**	[bezam baja]
teleurgesteld zijn (ww)	**безам бан**	[bezam ban]
veronderstelling (de)	**моттар**	[mɔt:ar]
veronderstellen (ww)	**мотта**	[mɔt:a]
waarschuwing (de)	**лардар**	[lardar]
waarschuwen (ww)	**лардан**	[lardan]

64. Discussie, conversatie. Deel 3

aanpraten (ww)	**бертадало**	[bertadalɔ]
kalmeren (kalm maken)	**дог тедан**	[dɔg tedan]
stilte (de)	**вистцахилар**	[wistʦahilar]
zwijgen (ww)	**къамел ца дан**	[qhamel ʦa dan]
fluisteren (ww)	**шабар-шибар дан**	[ʃabar ʃibar dan]
gefluister (het)	**шабар-шибар**	[ʃabar ʃibar]
open, eerlijk (bw)	**дог цIена**	[dɔg ʦhena]
volgens mij ...	**суна хетарехь**	[suna hetareh]
detail (het)	**ма-дарра хилар**	[ma dar:a hilar]
gedetailleerd (bn)	**ма-дарра**	[ma dar:a]
gedetailleerd (bw)	**ма-дарра**	[ma dar:a]
hint (de)	**дIаалар**	[dəa:lar]
een hint geven	**дIаала**	[dəa:la]
blik (de)	**бIаьрахьажар**	[bəærahaʒar]
een kijkje nemen	**хьажа**	[haʒa]
strak (een ~ke blik)	**хийцалуш йоцу**	[hi:ʦaluʃ joʦu]
knipperen (ww)	**бIаьргаш детта**	[bəærgaʃ det:a]
knipogen (ww)	**бIаьрг таIо**	[bəærg taəɔ]
knikken (ww)	**корта таIо**	[kɔrta taəɔ]
zucht (de)	**садаккхар**	[sadak:ar]
zuchten (ww)	**са даккха**	[sa dak:a]
huiveren (ww)	**тохадала**	[tɔhadala]
gebaar (het)	**ишар ян**	[iʃar jan]
aanraken (ww)	**дIахьакхадала**	[dəahaqadala]
grijpen (ww)	**леца**	[leʦa]
een schouderklopje geven	**детта**	[det:a]
Kijk uit!	**Ларло!**	[larlɔ]
Echt?	**Баккъалла?**	[bakqhal:a]
Bent je er zeker van?	**Тешна вуй хьо?**	[teʃna vuj hɔ]
Succes!	**Аьтто хуьлда!**	[æt:ɔ hylda]
Juist, ja!	**Кхета!**	[qeta]
Wat jammer!	**Халахета!**	[halaheta]

65. Overeenstemming. Weigering

instemming (het)	**резахилар**	[rezahilar]
instemmen (akkoord gaan)	**реза хила**	[reza hila]
goedkeuring (de)	**магор**	[magɔr]
goedkeuren (ww)	**маго**	[magɔ]
weigering (de)	**цадалар**	[ʦadalar]
weigeren (ww)	**дуьхьал хила**	[dyhal hila]
Geweldig!	**ЧIогIа дика ду!**	[ʧhɔɣa dika du]
Goed!	**Дика ду!**	[dika du]

Akkoord!	**Мегар ду!**	[megar du]
verboden (bn)	**цамагийна**	[ʦamagi:na]
het is verboden	**ца мега**	[ʦa mega]
het is onmogelijk	**хила йиш яц**	[hila jiʃ jaʦ]
onjuist (bn)	**нийса доцу**	[ni:sa dɔʦu]
afwijzen (ww)	**юхатоха**	[juhatɔha]
steunen (een goed doel, enz.)	**тlетан**	[thetan]
aanvaarden (excuses ~)	**тlеэца**	[thəɛʦa]
bevestigen (ww)	**чlагlдан**	[ʧhaɣdan]
bevestiging (de)	**чlагlдар**	[ʧhaɣdar]
toestemming (de)	**пурба**	[purba]
toestaan (ww)	**магийта**	[magi:ta]
beslissing (de)	**сацам бар**	[saʦam bar]
z'n mond houden (ww)	**дист ца хила**	[dist ʦa hila]
voorwaarde (de)	**диллар**	[dil:ar]
smoes (de)	**бахьана**	[bahana]
lof (de)	**хастам**	[hastam]
loven (ww)	**хестадан**	[hestadan]

66. Succes. Veel geluk. Mislukking

succes (het)	**кхиам**	[qiam]
succesvol (bw)	**кхиаме**	[qiame]
succesvol (bn)	**кхиам болу**	[qiam bɔlu]
geluk (het)	**аьтто**	[æt:ɔ]
Succes!	**Аьтто хуьлда!**	[æt:ɔ hylda]
geluks- (bn)	**аьтто болу**	[æt:ɔ bɔlu]
gelukkig (fortuinlijk)	**аьтто болу**	[æt:ɔ bɔlu]
mislukking (de)	**бохам**	[bɔham]
tegenslag (de)	**аьтто ца хилар**	[æt:ɔ ʦa hilar]
pech (de)	**аьтто боцуш хилар**	[æt:ɔ bɔʦuʃ hilar]
zonder succes (bn)	**ца даьлла**	[ʦa dæl:a]
catastrofe (de)	**ирча бохам**	[irʧa bɔham]
fierheid (de)	**дозалла**	[dɔzal:a]
fier (bn)	**кура**	[kura]
fier zijn (ww)	**дозалла дан**	[dɔzal:a dan]
winnaar (de)	**толамхо**	[tɔlamho]
winnen (ww)	**тола**	[tɔla]
verliezen (ww)	**эша**	[ɛʃa]
poging (de)	**гlортар**	[ɣɔrtar]
pogen, proberen (ww)	**гlорта**	[ɣɔrta]
kans (de)	**хьал**	[hal]

67. Ruzies. Negatieve emoties

schreeuw (de)	**мохь**	[mɔh]
schreeuwen (ww)	**мохь бетта**	[mɔh bet:ɑ]
beginnen te schreeuwen	**мохь тоха**	[mɔh tɔha]
ruzie (de)	**дов**	[dɔv]
ruzie hebben (ww)	**эгӀар**	[ɛɣɑr]
schandaal (het)	**дов**	[dɔv]
schandaal maken (ww)	**девнаш даха**	[devnɑʃ dɑha]
conflict (het)	**конфликт**	[kɔnflikt]
misverstand (het)	**цаккхетар**	[ʦɑqetɑr]
belediging (de)	**сийсаздаккхар**	[si:sɑzdɑk:ɑr]
beledigen (met scheldwoorden)	**сий дайа**	[si: dɑjɑ]
beledigd (bn)	**юьхьӀаьржхӀоттина**	[juheæɾʒ hɔt:inɑ]
krenking (de)	**халахетар**	[halɑhetɑr]
krenken (beledigen)	**халахетар дан**	[halɑhetɑr dɑn]
gekwetst worden (ww)	**халахета**	[halɑhetɑ]
verontwaardiging (de)	**эргӀаддахар**	[ɛrɣɑd:ɑhɑr]
verontwaardigd zijn (ww)	**эргӀаддала**	[ɛrɣɑd:ɑlɑ]
klacht (de)	**латкъам**	[lɑtqhɑm]
klagen (ww)	**латкъа**	[lɑtqhɑ]
verontschuldiging (de)	**бехк цабиллар**	[behk ʦɑbil:ɑr]
zich verontschuldigen	**бехк цабиллар деха**	[behk ʦɑbil:ɑr dehɑ]
excuus vragen	**бехк цабиллар деха**	[behk ʦɑbil:ɑr dehɑ]
kritiek (de)	**критика**	[kritikɑ]
bekritiseren (ww)	**критиковать дан**	[kritikɔvatʲ dɑn]
beschuldiging (de)	**бехкедар**	[behkedɑr]
beschuldigen (ww)	**бехкедан**	[behkedɑn]
wraak (de)	**чӀир**	[ʧhir]
wreken (ww)	**чӀир леха**	[ʧhir lehɑ]
wraak nemen (ww)	**дӀадекъа**	[dəɑdeqhɑ]
minachting (de)	**цадашар**	[ʦɑdɑʃɑr]
minachten (ww)	**ца даша**	[ʦɑ dɑʃɑ]
haat (de)	**цабезам**	[ʦɑbezɑm]
haten (ww)	**ца деза**	[ʦɑ dezɑ]
zenuwachtig (bn)	**нервийн**	[nervi:n]
zenuwachtig zijn (ww)	**дог этӀа**	[dɔg ɛthɑ]
boos (bn)	**оьгӀазе**	[øɣɑze]
boos maken (ww)	**оьгӀаздахийта**	[øɣɑzdɑhi:tɑ]
vernedering (de)	**кӀезиг хетар**	[k:ezig hetɑr]
vernederen (ww)	**кӀезиг хета**	[k:ezig hetɑ]
zich vernederen (ww)	**кӀезиг хила**	[k:ezig hilɑ]
schok (de)	**шовкъ**	[ʃɔvqh]
schokken (ww)	**юьхьӀаьржахӀотто**	[juheæɾʒɑhɔt:ɔ]

onaangenaamheid (de)	**цатам**	[ʦatam]
onaangenaam (bn)	**там боцу**	[tam bɔʦu]
vrees (de)	**кхерам**	[qeram]
vreselijk (bijv. ~ onweer)	**Іаламат чІогІа**	[əalamat ʧhɔɣa]
eng (bn)	**инзаре**	[inzare]
gruwel (de)	**Іадор**	[əadɔr]
vreselijk (~ nieuws)	**къемате**	[qhemate]
huilen (wenen)	**делха**	[delha]
beginnen te huilen (wenen)	**делха**	[delha]
traan (de)	**бІаьрхи**	[bəærhi]
schuld (~ geven aan)	**бехк**	[behk]
schuldgevoel (het)	**бехк**	[behk]
schande (de)	**эхь**	[ɛh]
protest (het)	**дуьхьалхилар**	[dyhalhilar]
stress (de)	**стресс**	[stres:]
storen (lastigvallen)	**новкъарло ян**	[nɔvqharlɔ jan]
kwaad zijn (ww)	**оьгІазъэха**	[øɣazʰɛha]
kwaad (bn)	**вон**	[vɔn]
beëindigen (een relatie ~)	**дІасацо**	[dəasaʦɔ]
vloeken (ww)	**дов дан**	[dɔv dan]
schrikken (schrik krijgen)	**тила**	[tila]
slaan (iemand ~)	**тоха**	[tɔha]
vechten (ww)	**лета**	[leta]
regelen (conflict)	**дІадерзо**	[dəaderzɔ]
ontevreden (bn)	**реза доцу**	[reza dɔʦu]
woedend (bn)	**буьрса**	[byrsa]
Dat is niet goed!	**ХІара дика дац!**	[hara dika daʦ]
Dat is slecht!	**ХІара вон ду!**	[hara vɔn du]

Geneeskunde

68. Ziekten

ziekte (de)	**лазар**	[lazar]
ziek zijn (ww)	**цомгуш хила**	[ʦɔmguʃ hila]
gezondheid (de)	**могушалла**	[mɔguʃal:a]
snotneus (de)	**шелвалар**	[ʃəlvalar]
angina (de)	**ангина**	[aŋina]
verkoudheid (de)	**шелдалар**	[ʃəldalar]
verkouden raken (ww)	**шелдала**	[ʃəldala]
bronchitis (de)	**бронхит**	[brɔnhit]
longontsteking (de)	**пехашна хьу кхетар**	[pehaʃna hu qetar]
griep (de)	**грипп**	[grip:]
bijziend (bn)	**бӀорзагал**	[bəɔrzagal]
verziend (bn)	**генара гун**	[genara gun]
scheelheid (de)	**бӀагӀара хилар**	[bəaɣara hilar]
scheel (bn)	**бӀагӀара**	[bəaɣara]
grauwe staar (de)	**бӀаьрган марха**	[bəærgan marha]
glaucoom (het)	**глаукома**	[glaukɔma]
beroerte (de)	**инсульт**	[insuʎt]
hartinfarct (het)	**дог датӀар**	[dɔg dathar]
myocardiaal infarct (het)	**миокардан инфаркт**	[miɔkardan infarkt]
verlamming (de)	**энаш лацар**	[ɛnaʃ laʦar]
verlammen (ww)	**энаша лаца**	[ɛnaʃa laʦa]
allergie (de)	**аллергий**	[al:ergi:]
astma (de/het)	**астма**	[astma]
diabetes (de)	**диабет**	[diabet]
tandpijn (de)	**цергийн лазар**	[ʦergi:n lazar]
tandbederf (het)	**кариес**	[karies]
diarree (de)	**диарея**	[diareja]
constipatie (de)	**чо юкъялар**	[ʧɔ juqhjalar]
maagstoornis (de)	**чохьлазар**	[ʧɔhlazar]
voedselvergiftiging (de)	**отравлени**	[ɔtravleni]
voedselvergiftiging oplopen	**кхачанан отравлени**	[qaʧanan ɔtravleni]
artritis (de)	**артрит**	[artrit]
rachitis (de)	**рахит-цамгар**	[rahit ʦamgar]
reuma (het)	**энаш**	[ɛnaʃ]
arteriosclerose (de)	**атеросклероз**	[aterɔsklerɔz]
gastritis (de)	**гастрит**	[gastrit]
blindedarmontsteking (de)	**сов йоьхь дестар**	[sɔv jøh destar]

galblaasontsteking (de)	**холецистит**	[holetsistit]
zweer (de)	**дal**	[daə]
mazelen (mv.)	**кхартанаш**	[qartanaʃ]
rodehond (de)	**хьара**	[hara]
geelzucht (de)	**маждар**	[maʒdar]
leverontsteking (de)	**гепатит**	[gepatit]
schizofrenie (de)	**шизофрени**	[ʃizɔfreni]
dolheid (de)	**хьарадалар**	[haradalar]
neurose (de)	**невроз**	[nevrɔz]
hersenschudding (de)	**хье лазор**	[he lazɔr]
kanker (de)	**дal**	[daə]
sclerose (de)	**склероз**	[sklerɔz]
multiple sclerose (de)	**тидаме доцу**	[tidame dɔtsu]
alcoholisme (het)	**алкоголан цамгар**	[alkɔgɔlan tsamgar]
alcoholicus (de)	**алкоголхо**	[alkɔgɔlho]
syfilis (de)	**чlурамцамгар**	[tʃhuramtsamgar]
AIDS (de)	**СПИД**	[spid]
tumor (de)	**дестар**	[destar]
kwaadaardig (bn)	**кхераме**	[qerame]
goedaardig (bn)	**зуламе доцу**	[zulame dɔtsu]
koorts (de)	**хорша**	[horʃa]
malaria (de)	**хорша**	[horʃa]
gangreen (het)	**гангрена**	[gaŋrena]
zeeziekte (de)	**хlорд хьахар**	[hɔrd hahar]
epilepsie (de)	**эпилепси**	[ɛpilepsi]
epidemie (de)	**ун**	[un]
tyfus (de)	**тиф**	[tif]
tuberculose (de)	**йовхарийн цамгар**	[jovhari:n tsamgar]
cholera (de)	**чоьнан ун**	[tʃønan un]
pest (de)	**lаьржа ун**	[əærʒa un]

69. Symptomen. Behandelingen. Deel 1

symptoom (het)	**билгало**	[bilgalɔ]
temperatuur (de)	**температура**	[temperatura]
verhoogde temperatuur (de)	**лекха температур**	[leqa temperatur]
polsslag (de)	**синпха**	[sinpha]
duizeling (de)	**корта хьовзар**	[kɔrta hɔvzar]
heet (erg warm)	**довха**	[dɔvha]
koude rillingen (mv.)	**шелона дегадар**	[ʃəlɔna degadar]
bleek (bn)	**беда**	[beda]
hoest (de)	**йовхарш**	[jovharʃ]
hoesten (ww)	**йовхарш етта**	[jovharʃ et:a]
niezen (ww)	**хьоршамаш детта**	[hɔrʃamaʃ det:a]
flauwte (de)	**дог вон хилар**	[dɔg vɔn hilar]

flauwvallen (ww)	**дог кӀадделла охьавожа**	[dɔg k:ad:el:a ɔhavɔʒa]
blauwe plek (de)	**Ӏарждарг**	[əarʒdarg]
buil (de)	**бӀара**	[bəara]
zich stoten (ww)	**дӀакхета**	[dəaqeta]
kneuzing (de)	**дӀатохар**	[dəatɔhar]
kneuzen (gekneusd zijn)	**дӀакхета**	[dəaqeta]
hinken (ww)	**астагӀлелха**	[astaɣlelha]
verstuiking (de)	**чуьрдаккхар**	[ʧyrdak:ar]
verstuiken (enkel, enz.)	**чуьрдаккхар**	[ʧyrdak:ar]
breuk (de)	**кагдалар**	[kagdalar]
een breuk oplopen	**кагдар**	[kagdar]
snijwond (de)	**хадор**	[hadɔr]
zich snijden (ww)	**хада**	[hada]
bloeding (de)	**цӀий эхар**	[ʦhi: ɛhar]
brandwond (de)	**дагор**	[dagɔr]
zich branden (ww)	**даго**	[dagɔ]
prikken (ww)	**Ӏотта**	[əɔt:a]
zich prikken (ww)	**Ӏоттадала**	[əɔt:adala]
blesseren (ww)	**лазо**	[lazɔ]
blessure (letsel)	**лазор**	[lazɔr]
wond (de)	**чов**	[ʧɔv]
trauma (het)	**лазор**	[lazɔr]
IJlen (ww)	**харц лен**	[harʦ len]
stotteren (ww)	**толкха лен**	[tɔlqa len]
zonnesteek (de)	**малх хьахар**	[malh hahar]

70. Symptomen. Behandelingen. Deel 2

pijn (de)	**лазар**	[lazar]
splinter (de)	**сирхат**	[sirhat]
zweet (het)	**хьацар**	[haʦar]
zweten (ww)	**хьацар дала**	[haʦar dala]
braking (de)	**Ӏеттор**	[əet:ɔr]
stuiptrekkingen (mv.)	**пхенаш озор**	[phenaʃ ɔzɔr]
zwanger (bn)	**берахниг**	[berahnig]
geboren worden (ww)	**хила**	[hila]
geboorte (de)	**бер хилар**	[ber hilar]
baren (ww)	**бер дар**	[ber dar]
abortus (de)	**аборт**	[abɔrt]
ademhaling (de)	**са дахар**	[sa dahar]
inademing (de)	**са чуозар**	[sa ʧuɔzar]
uitademing (de)	**са арахецар**	[sa araheʦar]
uitademen (ww)	**са арахеца**	[sa araheʦa]
inademen (ww)	**са чуоза**	[sa ʧuɔza]
invalide (de)	**заьӀапхо**	[zæəapho]
gehandicapte (de)	**заьӀапхо**	[zæəapho]

drugsverslaafde (de)	**наркоман**	[narkɔman]
doof (bn)	**къора**	[qhɔra]
stom (bn)	**мотт ца хуург**	[mɔt: ʦa hu:rg]
doofstom (bn)	**мотт ца хуург**	[mɔt: ʦa hu:rg]
krankzinnig (bn)	**хьерадьалла**	[heradʲal:a]
krankzinnige (man)	**хьеравальларг**	[heravæl:arg]
krankzinnige (vrouw)	**хьерайалларг**	[herajal:arg]
krankzinnig worden	**хьервалар**	[hervalar]
gen (het)	**ген**	[gen]
immuniteit (de)	**иммунитет**	[im:unitet]
aangeboren (bn)	**вешшехь хилла**	[weʃəh hil:a]
virus (het)	**вирус**	[wirus]
microbe (de)	**микроб**	[mikrɔb]
bacterie (de)	**бактери**	[bakteri]
infectie (de)	**инфекци**	[infekʦi]

71. Symptomen. Behandelingen. Deel 3

ziekenhuis (het)	**больница**	[bɔʎniʦa]
patiënt (de)	**пациент**	[paʦient]
diagnose (de)	**диагноз**	[diagnɔz]
genezing (de)	**дарбанаш лелор**	[darbanaʃ lelɔr]
medische behandeling (de)	**дарба лелор**	[darba lelɔr]
onder behandeling zijn	**дарбанаш лелор**	[darbanaʃ lelɔr]
behandelen (ww)	**дарба лело**	[darba lelɔ]
zorgen (zieken ~)	**лело**	[lelɔ]
ziekenzorg (de)	**лелор**	[lelɔr]
operatie (de)	**этIор**	[ɛthɔr]
verbinden (een arm ~)	**дIадехка**	[dəadehka]
verband (het)	**йоьхкург**	[jøhkurg]
vaccin (het)	**маха тохар**	[maha tɔhar]
inenten (vaccineren)	**маха тоха**	[maha tɔha]
injectie (de)	**маха тохар**	[maha tɔhar]
een injectie geven	**маха тоха**	[maha tɔha]
amputatie (de)	**ампутаци**	[amputaʦi]
amputeren (ww)	**дIадаккха**	[dəadak:a]
coma (het)	**кома**	[kɔma]
in coma liggen	**коме хила**	[kɔme hila]
intensieve zorg, ICU (de)	**реанимаци**	[reanimaʦi]
zich herstellen (ww)	**тодала**	[tɔdala]
toestand (de)	**хьал**	[hal]
bewustzijn (het)	**кхетам**	[qetam]
geheugen (het)	**эс**	[ɛs]
trekken (een kies ~)	**дIадаккха**	[dəadak:a]
vulling (de)	**йома**	[jɔma]

vullen (ww)	**йома йилла**	[joma jıl:a]
hypnose (de)	**гипноз**	[gipnɔz]
hypnotiseren (ww)	**гипноз ян**	[gipnɔz jan]

72. Artsen

dokter, arts (de)	**лор**	[lɔr]
ziekenzuster (de)	**лорйиша**	[lɔrjıʃa]
lijfarts (de)	**шен лор**	[ʃən lɔr]
tandarts (de)	**дантист**	[dantist]
oogarts (de)	**окулист**	[ɔkulist]
therapeut (de)	**терапевт**	[terapevt]
chirurg (de)	**хирург**	[hirurg]
psychiater (de)	**психиатр**	[psihiatr]
pediater (de)	**педиатр**	[pediatr]
psycholoog (de)	**психолог**	[psiholɔg]
gynaecoloog (de)	**гинеколог**	[ginekɔlɔg]
cardioloog (de)	**кардиолог**	[kardiɔlɔg]

73. Geneeskunde. Medicijnen. Accessoires

geneesmiddel (het)	**молха**	[mɔlha]
middel (het)	**дарба**	[darba]
voorschrijven (ww)	**дайх диена**	[dajh diena]
recept (het)	**рецепт**	[retsept]
tablet (de/het)	**буьртиг**	[byrtig]
zalf (de)	**хьакхар**	[haqar]
ampul (de)	**ампула**	[ampula]
drank (de)	**микстура**	[mikstura]
siroop (de)	**сироп**	[sirɔp]
pil (de)	**буьртиг**	[byrtig]
poeder (de/het)	**хӏур**	[hur]
verband (het)	**бинт**	[bint]
watten (mv.)	**бамба**	[bamba]
jodium (het)	**йод**	[jod]
pleister (de)	**белхьам**	[belham]
pipet (de)	**пипетка**	[pipetka]
thermometer (de)	**градусъюстург**	[gradusʰjusturg]
spuit (de)	**маха**	[maha]
rolstoel (de)	**гӏудалкх**	[ɣudalq]
krukken (mv.)	**ӏасанаш**	[əasanaʃ]
pijnstiller (de)	**лаза ца войту молханаш**	[laza tsa vɔjtu mɔlhanaʃ]
laxeermiddel (het)	**чуьйнадохуьйтург**	[ʧyjnadɔhyjturg]
spiritus (de)	**спирт**	[spirt]
medicinale kruiden (mv.)	**дарбанан буц**	[darbanan buts]
kruiden- (abn)	**бецан**	[betsan]

74. Roken. Tabaksproducten

tabak (de)	**тонка**	[tɔŋkɑ]
sigaret (de)	**сигарет**	[sigɑret]
sigaar (de)	**сигара**	[sigɑrɑ]
pijp (de)	**луьлла**	[lyl:ɑ]
pakje (~ sigaretten)	**цигаьркийн ботт**	[ʦigærki:n bɔt:]
lucifers (mv.)	**сирникаш**	[sirnikɑʃ]
luciferdoosje (het)	**сирникийн ботт**	[sirniki:n bɔt:]
aansteker (de)	**цӏетухург**	[ʦhetuhurg]
asbak (de)	**чимтосург**	[ʧimtɔsurg]
sigarettendoosje (het)	**портсигар**	[pɔrʦigɑr]
sigarettenpijpje (het)	**муштакх**	[muʃtɑq]
filter (de/het)	**луьттург**	[lyt:urg]
roken (ww)	**оза**	[ɔzɑ]
een sigaret opsteken	**ийза дола**	[i:zɑ dɔlɑ]
roken (het)	**цигаьрка озар**	[ʦigærkɑ ɔzɑr]
roker (de)	**цигаьркаузург**	[ʦigærkɑuzurg]
peuk (de)	**цигаьркан юьхьиг**	[ʦigærkɑn juhig]
rook (de)	**кӏур**	[k:ur]
as (de)	**чим**	[ʧim]

HET MENSELIJKE LEEFGEBIED

Stad

75. Stad. Het leven in de stad

stad (de)	**гIала**	[ɣala]
hoofdstad (de)	**нана-гIала**	[nana gəala]
dorp (het)	**юрт**	[jurt]
plattegrond (de)	**гIалин план**	[ɣalin plan]
centrum (ov. een stad)	**гIалин юкъ**	[ɣalin juqh]
voorstad (de)	**гIалин йист**	[ɣalin jɪst]
voorstads- (abn)	**гIалин йистера**	[ɣalin jɪstera]
randgemeente (de)	**гIалин йист**	[ɣalin jɪst]
omgeving (de)	**гIалин гонахе**	[ɣalin gɔnahe]
blok (huizenblok)	**квартал**	[kvartal]
woonwijk (de)	**нах беха квартал**	[nah beha kvartal]
verkeer (het)	**лелар**	[lelar]
verkeerslicht (het)	**светофор**	[swetɔfɔr]
openbaar vervoer (het)	**гIалара транспорт**	[ɣalara transpɔrt]
kruispunt (het)	**галморзе**	[galmɔrze]
zebrapad (oversteekplaats)	**галморзе**	[galmɔrze]
onderdoorgang (de)	**лаьттан бухара дехьаволийла**	[læt:an buhara dehavɔli:la]
oversteken (de straat ~)	**дехьа вала**	[deha vala]
voetganger (de)	**гIашло**	[ɣaʃlɔ]
trottoir (het)	**тротуар**	[trɔtuar]
brug (de)	**тIай**	[thaj]
dijk (de)	**хийист**	[hi:ist]
fontein (de)	**фонтан**	[fɔntan]
allee (de)	**аллей**	[al:ej]
park (het)	**беш**	[beʃ]
boulevard (de)	**бульвар**	[buʎvar]
plein (het)	**майда**	[majda]
laan (de)	**проспект**	[prɔspekt]
straat (de)	**урам**	[uram]
zijstraat (de)	**урамалг**	[uramalg]
doodlopende straat (de)	**кIажбухе**	[k:aʒbuhe]
huis (het)	**цIа**	[ʦha]
gebouw (het)	**гIишло**	[ɣiʃlɔ]
wolkenkrabber (de)	**стигал-бохь**	[stigal bɔh]
gevel (de)	**хьалхе**	[halhe]

dak (het)	**тхов**	[thov]
venster (het)	**кор**	[kɔr]
boog (de)	**нартол**	[nartɔl]
pilaar (de)	**колонна**	[kɔlɔŋa]
hoek (ov. een gebouw)	**маьlиг**	[mæəig]
vitrine (de)	**витрина**	[witrina]
gevelreclame (de)	**гойтург**	[gɔjturg]
affiche (de/het)	**афиша**	[afiʃa]
reclameposter (de)	**рекламан плакат**	[reklaman plakat]
aanplakbord (het)	**рекламан у**	[reklaman u]
vuilnis (de/het)	**нехаш**	[nehaʃ]
vuilnisbak (de)	**урна**	[urna]
afval weggooien (ww)	**нехаш яржо**	[nehaʃ jarʒɔ]
stortplaats (de)	**нехаш дlакхийсуьйла**	[nehaʃ dəaqi:syjla]
telefooncel (de)	**телефонан будка**	[telefɔnan budka]
straatlicht (het)	**фонаран зlенар**	[fɔnaran zəenar]
bank (de)	**гlант**	[ɣant]
politieagent (de)	**полици**	[pɔlitsi]
politie (de)	**полици**	[pɔlitsi]
zwerver (de)	**сагlадоьхург**	[saɣadøhurg]
dakloze (de)	**цlа доцу**	[tsha dɔtsu]

76. Stedelijke instellingen

winkel (de)	**туька**	[tyka]
apotheek (de)	**аптека**	[apteka]
optiek (de)	**оптика**	[ɔptika]
winkelcentrum (het)	**механ центр**	[mehan tsentr]
supermarkt (de)	**супермаркет**	[supermarket]
bakkerij (de)	**сурсатийн туька**	[sursati:n tyka]
bakker (de)	**пурнхо**	[purnho]
banketbakkerij (de)	**кондитерски**	[kɔnditerski]
kruidenier (de)	**баккхал**	[bak:al]
slagerij (de)	**жижиг духку туька**	[ʒiʒig duhku tyka]
groentewinkel (de)	**хасстоьмийн туька**	[has:tømi:n tyka]
markt (de)	**базар**	[bazar]
koffiehuis (het)	**кафе**	[kafe]
restaurant (het)	**ресторан**	[restɔran]
bar (de)	**йийн туька**	[ji:n tyka]
pizzeria (de)	**пиццерий**	[pitseri:]
kapperssalon (de/het)	**парикмахерски**	[parikmaherski]
postkantoor (het)	**пошт**	[pɔʃt]
stomerij (de)	**химцlандар**	[himtshandar]
fotostudio (de)	**фотоателье**	[fɔtɔateʎje]
schoenwinkel (de)	**мачийн туька**	[matʃi:n tyka]
boekhandel (de)	**книшкийн туька**	[kniʃki:n tyka]

sportwinkel (de)	**спортан туька**	[spɔrtan tyka]
kledingreparatie (de)	**бедар таяр**	[bedar tajar]
kledingverhuur (de)	**бедарийн прокат**	[bedari:n prɔkat]
videotheek (de)	**фильман прокат**	[fiʎman prɔkat]
circus (de/het)	**цирк**	[ʦirk]
dierentuin (de)	**дийнатийн парк**	[di:nati:n park]
bioscoop (de)	**кинотеатр**	[kinɔteatr]
museum (het)	**музей**	[muzej]
bibliotheek (de)	**библиотека**	[bibliɔteka]
theater (het)	**театр**	[teatr]
opera (de)	**опера**	[ɔpera]
nachtclub (de)	**буьйсанан клуб**	[byjsanan klub]
casino (het)	**казино**	[kazinɔ]
moskee (de)	**маьждиг**	[mæʒdig]
synagoge (de)	**синагога**	[sinagɔga]
kathedraal (de)	**килс**	[kils]
tempel (de)	**зиярат**	[zijarat]
kerk (de)	**килс**	[kils]
instituut (het)	**институт**	[institut]
universiteit (de)	**университет**	[uniwersitet]
school (de)	**школа**	[ʃkɔla]
gemeentehuis (het)	**префектур**	[prefektur]
stadhuis (het)	**мэри**	[mɛri]
hotel (het)	**хьешийн цӀа**	[heʃi:n ʦha]
bank (de)	**банк**	[baŋk]
ambassade (de)	**векаллат**	[wekal:at]
reisbureau (het)	**турагенство**	[turagenstvɔ]
informatieloket (het)	**хаттараллин бюро**	[hat:aral:in byrɔ]
wisselkantoor (het)	**хуьицийла**	[hyiʦi:la]
metro (de)	**метро**	[metrɔ]
ziekenhuis (het)	**больница**	[bɔʎniʦa]
benzinestation (het)	**бензин дутту колонка**	[benzin dut:u kɔlɔŋka]
parking (de)	**дӀахӀоттайойла**	[dəahɔt:ajojla]

77. Stedelijk vervoer

bus, autobus (de)	**автобус**	[avtɔbus]
tram (de)	**трамвай**	[tramvaj]
trolleybus (de)	**троллейбус**	[trɔl:ejbus]
route (de)	**маршрут**	[marʃrut]
nummer (busnummer, enz.)	**номер**	[nɔmer]
rijden met ...	**даха**	[daha]
stappen (in de bus ~)	**тӀехаа**	[theha:]
afstappen (ww)	**охьадосса**	[ɔhadɔs:a]
halte (de)	**социйла**	[sɔʦi:la]

volgende halte (de)	**рогlера социйла**	[rɔɣera sɔtsi:la]
eindpunt (het)	**тlаьххьара социйла**	[thæhara sɔtsi:la]
dienstregeling (de)	**расписани**	[raspisani]
wachten (ww)	**хьежа**	[heʒa]
kaartje (het)	**билет**	[bilet]
reiskosten (de)	**билетан мах**	[biletan mah]
kassier (de)	**кассир**	[kas:ir]
kaartcontrole (de)	**контроль**	[kɔntrɔʎ]
controleur (de)	**контролёр**	[kɔntrɔlɜr]
te laat zijn (ww)	**тlаьхьадиса**	[thæhadisa]
missen (de bus ~)	**тlаьхьадиса**	[thæhadisa]
zich haasten (ww)	**сихадала**	[sihadala]
taxi (de)	**такси**	[taksi]
taxichauffeur (de)	**таксист**	[taksist]
met de taxi (bw)	**таксин тlехь**	[taksin theh]
taxistandplaats (de)	**такси дlахlоттайойла**	[taksi dəahɔt:ajojla]
een taxi bestellen	**таксига кхайкха**	[taksiga qajqa]
een taxi nemen	**такси лаца**	[taksi latsa]
verkeer (het)	**урамашкахула лелар**	[uramaʃkahula lelar]
file (de)	**дlадукъар**	[dəaduqhar]
spitsuur (het)	**юкъъелла хан**	[juqhʰel:a han]
parkeren (on.ww.)	**машина дlахlоттар**	[maʃina dəahɔt:ar]
parkeren (ov.ww.)	**машина дlахlотто**	[maʃina dəahɔt:ɔ]
parking (de)	**дlахlоттайойла**	[dəahɔt:ajojla]
metro (de)	**метро**	[metrɔ]
halte (bijv. kleine treinhalte)	**станци**	[stantsi]
de metro nemen	**метрохь ваха**	[metrɔh vaha]
trein (de)	**цlерпошт**	[tsherpɔʃt]
station (treinstation)	**вокзал**	[vɔkzal]

78. Bezienswaardigheden

monument (het)	**хlоллам**	[hɔl:am]
vesting (de)	**гlап**	[ɣap]
paleis (het)	**гlала**	[ɣala]
kasteel (het)	**гlала**	[ɣala]
toren (de)	**бlов**	[bəɔv]
mausoleum (het)	**мавзолей**	[mavzɔlej]
architectuur (de)	**архитектура**	[arhitektura]
middeleeuws (bn)	**юккъерчу бlешерийн**	[jukqhertʃu bəeʃəri:n]
oud (bn)	**тамашена**	[tamaʃəna]
nationaal (bn)	**къаьмнийн**	[qhæmni:n]
bekend (bn)	**гlарадаьлла**	[ɣaradæl:a]
toerist (de)	**турист**	[turist]
gids (de)	**гид**	[gid]
rondleiding (de)	**экскурси**	[ɛkskursi]

tonen (ww)	**гайта**	[gajta]
vertellen (ww)	**дийца**	[di:tsa]
vinden (ww)	**каро**	[karɔ]
verdwalen (de weg kwijt zijn)	**дан**	[dan]
plattegrond (~ van de metro)	**схема**	[shema]
plattegrond (~ van de stad)	**план**	[plan]
souvenir (het)	**совгIат**	[sɔvɣat]
souvenirwinkel (de)	**совгIатан туька**	[sɔvɣatan tyka]
een foto maken (ww)	**сурт даккха**	[surt dak:a]
zich laten fotograferen	**сурт даккхийта**	[surt dak:i:ta]

79. Winkelen

kopen (ww)	**эца**	[ɛtsa]
aankoop (de)	**эцар**	[ɛtsar]
winkelen (ww)	**х1уманаш эца**	[humanaʃ ɛtsa]
winkelen (het)	**эцар**	[ɛtsar]
open zijn (ov. een winkel, enz.)	**болх бан**	[bɔlh ban]
gesloten zijn (ww)	**дIакъовла**	[dəaqhɔvla]
schoeisel (het)	**мача**	[maʧa]
kleren (mv.)	**бедар**	[bedar]
cosmetica (de)	**косметика**	[kɔsmetika]
voedingswaren (mv.)	**сурсаташ**	[sursataʃ]
geschenk (het)	**совгIат**	[sɔvɣat]
verkoper (de)	**йохкархо**	[johkarhɔ]
verkoopster (de)	**йохкархо**	[johkarhɔ]
kassa (de)	**касса**	[kas:a]
spiegel (de)	**куьзга**	[kyzga]
toonbank (de)	**гIопаста**	[ɣɔpasta]
paskamer (de)	**примерочни**	[primerɔʧni]
aanpassen (ww)	**тIедуьйхина хьажа**	[thedyjhina haʒa]
passen (ov. kleren)	**гIехьа хила**	[ɣeha hila]
bevallen (prettig vinden)	**хазахета**	[hazaheta]
prijs (de)	**мах**	[mah]
prijskaartje (het)	**махло**	[mahlɔ]
kosten (ww)	**деха**	[deha]
Hoeveel?	**ХIун доккху?**	[hun dɔk:u]
korting (de)	**тIерадаккхар**	[theradak:ar]
niet duur (bn)	**деза доцу**	[deza dɔtsu]
goedkoop (bn)	**дораха**	[dɔraha]
duur (bn)	**деза**	[deza]
Dat is duur.	**Иза механ деза ду.**	[iza mehan deza du]
verhuur (de)	**прокат**	[prɔkat]
huren (smoking, enz.)	**прокатан схьаэца**	[prɔkatan shaətsa]

krediet (het)	**кредит**	[kredit]
op krediet (bw)	**кредитан**	[kreditan]

80. Geld

geld (het)	**ахча**	[ahʧa]
ruil (de)	**хийцар**	[hi:ʦar]
koers (de)	**мах**	[mah]
geldautomaat (de)	**банкомат**	[baŋkɔmat]
muntstuk (de)	**ахча**	[ahʧa]
dollar (de)	**доллар**	[dɔl:ar]
euro (de)	**евро**	[evrɔ]
lire (de)	**лира**	[lira]
Duitse mark (de)	**марка**	[marka]
frank (de)	**франк**	[fraŋk]
pond sterling (het)	**стерлингийн фунт**	[sterliŋi:n funt]
yen (de)	**йена**	[jena]
schuld (geldbedrag)	**декхар**	[deqar]
schuldenaar (de)	**декхархо**	[deqarhɔ]
uitlenen (ww)	**юхалург дала**	[juhalurg dala]
lenen (geld ~)	**юхалург эца**	[juhalurg ɛʦa]
bank (de)	**банк**	[baŋk]
bankrekening (de)	**счёт**	[sʧɔt]
op rekening storten	**счёт тӀедилла**	[sʧɔt thedil:a]
opnemen (ww)	**счёт тӀера схьаэца**	[sʧɔt thera shaɐʦa]
kredietkaart (de)	**кредитан карта**	[kreditan karta]
baar geld (het)	**карахь долу ахча**	[karah dɔlu ahʧa]
cheque (de)	**чек**	[ʧek]
een cheque uitschrijven	**чёт язъян**	[ʧɔt jaz^{h}jan]
chequeboekje (het)	**чекан книшка**	[ʧekan kniʃka]
portefeuille (de)	**бумаьштиг**	[bumæʃtig]
geldbeugel (de)	**бохча**	[bɔhʧa]
portemonnee (de)	**портмоне**	[pɔrtmɔne]
safe (de)	**сейф**	[sejf]
erfgenaam (de)	**верас**	[weras]
erfenis (de)	**диснарг**	[disnarg]
fortuin (het)	**бахам**	[baham]
huur (de)	**аренда**	[arenda]
huurprijs (de)	**петаран мах**	[petaran mah]
huren (huis, kamer)	**лаца**	[laʦa]
prijs (de)	**мах**	[mah]
kostprijs (de)	**мах**	[mah]
som (de)	**жамӀ**	[ʒamə]
uitgeven (geld besteden)	**дайа**	[daja]
kosten (mv.)	**харжаш**	[harʒaʃ]

bezuinigen (ww)	**довзо**	[dɔvzɔ]
zuinig (bn)	**девзаш долу**	[devzaʃ dɔlu]
betalen (ww)	**ахча дала**	[ahʧa dala]
betaling (de)	**алапа далар**	[alapa dalar]
wisselgeld (het)	**юхадоrlург**	[juhadɔɣurg]
belasting (de)	**налог**	[nalɔg]
boete (de)	**rlуда**	[ɣuda]
beboeten (bekeuren)	**rlуда тоха**	[ɣuda tɔha]

81. Post. Postkantoor

postkantoor (het)	**пошт**	[pɔʃt]
post (de)	**пошт**	[pɔʃt]
postbode (de)	**почтальон**	[pɔʧtaʎʲɔn]
openingsuren (mv.)	**белхан сахьташ**	[belhan sahtaʃ]
brief (de)	**кехат**	[kehat]
aangetekende brief (de)	**заказ дина кехат**	[zakaz dina kehat]
briefkaart (de)	**открытк**	[ɔtkrɪtk]
telegram (het)	**телеграмма**	[telegram:a]
postpakket (het)	**посылка**	[pɔsɪlka]
overschrijving (de)	**дlатесна ахча**	[dəatesna ahʧa]
ontvangen (ww)	**схьаэца**	[shaəʦa]
sturen (zenden)	**дlадахьийта**	[dəadahi:ta]
verzending (de)	**дlадахьийтар**	[dəadahi:tar]
adres (het)	**адрес**	[adres]
postcode (de)	**индекс**	[indeks]
verzender (de)	**дlадахьийтинарг**	[dəadahi:tinarg]
ontvanger (de)	**схьаэцархо**	[shaəʦarhɔ]
naam (de)	**цle**	[ʦhe]
achternaam (de)	**фамили**	[famili]
tarief (het)	**тариф**	[tarif]
standaard (bn)	**гуттарлера**	[gut:arlera]
zuinig (bn)	**кхоаме**	[qɔame]
gewicht (het)	**дозалла**	[dɔzal:a]
afwegen (op de weegschaal)	**оза**	[ɔza]
envelop (de)	**ботт**	[bɔt:]
postzegel (de)	**марка**	[marka]

Woning. Huis. Thuis

82. Huis. Woning

huis (het)	**цlа**	[tsha]
thuis (bw)	**цlахь**	[tshah]
cour (de)	**керт**	[kert]
omheining (de)	**керт**	[kert]
baksteen (de)	**кибарчиг**	[kibarʧig]
van bakstenen	**кибарчигийн**	[kibarʧigi:n]
steen (de)	**тlулг**	[thulg]
stenen (bn)	**тlулган**	[thulgan]
beton (het)	**бетон**	[betɔn]
van beton	**бетонан**	[betɔnan]
nieuw (bn)	**цlина**	[tshina]
oud (bn)	**тиша**	[tiʃa]
vervallen (bn)	**тиша**	[tiʃa]
modern (bn)	**вайн хенан**	[vajn henan]
met veel verdiepingen	**дукхазза тlекlелдина**	[duqaz:a thek:eldina]
hoog (bn)	**лекха**	[leqa]
verdieping (de)	**этаж**	[ɛtaʒ]
met een verdieping	**цхьа этаж йолу**	[tsha ɛtaʒ jolu]
laagste verdieping (de)	**лахара этаж**	[lahara ɛtaʒ]
bovenverdieping (de)	**лакхара этаж**	[laqara ɛtaʒ]
dak (het)	**тхов**	[thov]
schoorsteen (de)	**биргlа**	[birɣa]
dakpan (de)	**гериг**	[gerig]
pannen- (abn)	**гериган**	[gerigan]
zolder (de)	**чардакх**	[ʧardaq]
venster (het)	**кор**	[kɔr]
glas (het)	**ангали**	[aŋali]
vensterbank (de)	**коран у**	[kɔran u]
luiken (mv.)	**коран неlараш**	[kɔran neəraʃ]
muur (de)	**пен**	[pen]
balkon (het)	**балкон**	[balkɔn]
regenpijp (de)	**малхбалехьара биргlа**	[malhbalehara birɣa]
boven (bw)	**лакхахь**	[laqah]
naar boven gaan (ww)	**тlедала**	[thedala]
afdalen (on.ww.)	**охьадан**	[ɔhadan]
verhuizen (ww)	**дlаваха**	[dəavaha]

83. Huis. Ingang. Lift

ingang (de)	**тlеводийла**	[thevɔdi:la]
trap (de)	**лами**	[lami]
treden (mv.)	**тlеrlанаш**	[theɣanaʃ]
trapleuning (de)	**перила**	[perila]
hal (de)	**дуьхьал чоь**	[dyhal ʧø]
postbus (de)	**поштан яьшка**	[pɔʃtan jaʃka]
vuilnisbak (de)	**нехаш кхуьйсу бак**	[nehaʃ qyjsu bak]
vuilniskoker (de)	**нехашдlаузург**	[nehaʃdəauzurg]
lift (de)	**лифт**	[lift]
goederenlift (de)	**киранан лифт**	[kiranan lift]
liftcabine (de)	**лифтан кабин**	[liftan kabin]
de lift nemen	**даха**	[daha]
appartement (het)	**петар**	[petar]
bewoners (mv.)	**хlусамхой**	[husamhoj]
buurman (de)	**лулахо**	[lulaho]
buurvrouw (de)	**лулахо**	[lulaho]
buren (mv.)	**лулахой**	[lulahoj]

84. Huis. Deuren. Sloten

deur (de)	**неl**	[neə]
toegangspoort (de)	**ков**	[kɔv]
deurkruk (de)	**тlам**	[tham]
ontsluiten (ontgrendelen)	**дlайела**	[dəajela]
openen (ww)	**схьайела**	[shajela]
sluiten (ww)	**дlакъовла**	[dəaqhɔvla]
sleutel (de)	**доrlа**	[dɔɣa]
sleutelbos (de)	**доrlанийн кочар**	[dɔɣani:n kɔʧar]
knarsen (bijv. scharnier)	**цlийза**	[ʦhi:za]
knarsgeluid (het)	**цlийзар**	[ʦhi:zar]
scharnier (het)	**кlажа**	[k:aʒa]
deurmat (de)	**кузан цуьрг**	[kuzan ʦyrg]
slot (het)	**доrlа**	[dɔɣa]
sleutelgat (het)	**доrlанан lуьрг**	[dɔɣanan əyrg]
grendel (de)	**rlуй**	[ɣuj]
schuif (de)	**зайл**	[zajl]
hangslot (het)	**навесной доrlа**	[nawesnɔj dɔɣa]
aanbellen (ww)	**детта**	[det:a]
bel (geluid)	**горгали**	[gɔrgali]
deurbel (de)	**горгали**	[gɔrgali]
belknop (de)	**кнопка**	[knɔpka]
geklop (het)	**тата**	[tata]
kloppen (ww)	**детта**	[det:a]
code (de)	**код**	[kɔd]
cijferslot (het)	**кодови доrlа**	[kɔdɔwi dɔɣa]

parlofoon (de)	**домофон**	[dɔmɔfɔn]
nummer (het)	**номер**	[nɔmer]
naambordje (het)	**гойтург**	[gɔjturg]
deurspion (de)	**бlаьрг**	[bəærg]

85. Huis op het platteland

dorp (het)	**юрт**	[jurt]
moestuin (de)	**хасбеш**	[hasbeʃ]
hek (het)	**керт**	[kert]
houten hekwerk (het)	**керт**	[kert]
tuinpoortje (het)	**ринжа**	[rinʒɑ]
graanschuur (de)	**амбар**	[ɑmbɑr]
wortelkelder (de)	**ларма**	[lɑrmɑ]
schuur (de)	**божал**	[bɔʒɑl]
waterput (de)	**гlу**	[ɣu]
kachel (de)	**пеш**	[peʃ]
de kachel stoken	**даго**	[dɑgɔ]
brandhout (het)	**дечиг**	[detʃig]
houtblok (het)	**туьппалг**	[typ:ɑlg]
veranda (de)	**уче**	[utʃe]
terras (het)	**уче**	[utʃe]
bordes (het)	**лаба**	[lɑbɑ]
schommel (de)	**бираьнчик**	[biræntʃik]

86. Kasteel. Paleis

kasteel (het)	**гlала**	[ɣɑlɑ]
paleis (het)	**гlала**	[ɣɑlɑ]
vesting (de)	**гlап**	[ɣɑp]
ringmuur (de)	**пен**	[pen]
toren (de)	**бlов**	[bəɔv]
donjon (de)	**коьрта бlов**	[kørtɑ bəɔv]
valhek (het)	**хьалаайалун ков**	[hɑlɑ:jɑlun kɔv]
onderaardse gang (de)	**лаьттан бухара чекхдолийла**	[læt:ɑn buhɑrɑ tʃeqdɔli:lɑ]
slotgracht (de)	**саьнгар**	[sæŋɑr]
ketting (de)	**зlе**	[zəe]
schietgat (het)	**бlарол**	[bəɑrɔl]
prachtig (bn)	**исбаьхьа**	[isbæhɑ]
majestueus (bn)	**инзара-доккха**	[inzɑrɑ dɔk:ɑ]
onneembaar (bn)	**тlекхачалур воцу**	[theqɑtʃɑlur vɔtsu]
middeleeuws (bn)	**юккъерчу бlешерийн**	[jukqhertʃu bəeʃəri:n]

87. Appartement

appartement (het)	**петар**	[petar]
kamer (de)	**чоь**	[tʃø]
slaapkamer (de)	**дуьйшу чоь**	[dyjʃu tʃø]
eetkamer (de)	**столови**	[stɔlɔwi]
salon (de)	**хьешан цIа**	[heʃan ʦha]
studeerkamer (de)	**кабинет**	[kabinet]
gang (de)	**сени**	[seni]
badkamer (de)	**ваннан чоь**	[vaŋan tʃø]
toilet (het)	**хьаштагIа**	[haʃtaɣa]
plafond (het)	**тхов**	[thov]
vloer (de)	**цIенкъа**	[ʦhenqha]
hoek (de)	**са**	[sa]

88. Appartement. Schoonmaken

schoonmaken (ww)	**д1адаха**	[dəadaha]
opbergen (in de kast, enz.)	**д1адаха**	[dəadaha]
stof (het)	**чан**	[tʃan]
stoffig (bn)	**ченан**	[tʃenan]
stoffen (ww)	**чан дIаяккха**	[tʃan dəajak:a]
stofzuiger (de)	**чанъузург**	[tʃanʰuzurg]
stofzuigen (ww)	**чанъузург хьакха**	[tʃanʰuzurg haqa]
vegen (de vloer ~)	**нуй хьакха**	[nuj haqa]
veegsel (het)	**нехаш**	[nehaʃ]
orde (de)	**къепе**	[qhepe]
wanorde (de)	**къепе яцар**	[qhepe jaʦar]
zwabber (de)	**швабра**	[ʃvabra]
poetsdoek (de)	**горгам**	[gɔrgam]
veger (de)	**нуй**	[nuj]
stofblik (het)	**аьшкал**	[æʃkal]

89. Meubels. Interieur

meubels (mv.)	**мебель**	[mebeʎ]
tafel (de)	**стол**	[stɔl]
stoel (de)	**гIант**	[ɣant]
bed (het)	**маьнга**	[mæŋa]
bankstel (het)	**диван**	[divan]
fauteuil (de)	**кресло**	[kreslɔ]
boekenkast (de)	**шкаф**	[ʃkaf]
boekenrek (het)	**терхи**	[terhi]
stellingkast (de)	**книгашйохкург**	[knigaʃjohkurg]
kledingkast (de)	**шкаф**	[ʃkaf]
kapstok (de)	**бедаршъухкург**	[bedarʃʰuhkurg]

staande kapstok (de)	**бедаршъухкург**	[bedarʃʰuhkurg]
commode (de)	**комод**	[kɔmɔd]
salontafeltje (het)	**журналан стол**	[ʒurnalan stɔl]
spiegel (de)	**куьзга**	[kyzga]
tapijt (het)	**куз**	[kuz]
tapijtje (het)	**кузан цуьрг**	[kuzan ʦyrg]
haard (de)	**товха**	[tɔvha]
kaars (de)	**чlурам**	[ʧhuram]
kandelaar (de)	**чlурамхlотторг**	[ʧhuramhɔt:ɔrg]
gordijnen (mv.)	**шторааш**	[ʃtɔraʃ]
behang (het)	**обойш**	[ɔbɔjʃ]
jaloezie (de)	**жалюзаш**	[ʒalyzaʃ]
bureaulamp (de)	**стоьла тlе хlотто лампа**	[støla the hɔt:ɔ lampa]
wandlamp (de)	**къуьда**	[qhyda]
staande lamp (de)	**торшер**	[tɔrʃər]
luchter (de)	**люстра**	[lystra]
poot (ov. een tafel, enz.)	**ког**	[kɔg]
armleuning (de)	**голагlорторг**	[gɔlaɣɔrtɔrg]
rugleuning (de)	**букъ**	[buqh]
la (de)	**яьшка**	[jaʃka]

90. Beddengoed

beddengoed (het)	**чухулаюху хlуманаш**	[ʧuhulajuhu humanaʃ]
kussen (het)	**гlайба**	[ɣajba]
kussenovertrek (de)	**лоччар**	[lɔʧar]
deken (de)	**юргlа**	[jurɣa]
laken (het)	**шаршу**	[ʃarʃu]
sprei (de)	**меттан шаршу**	[met:an ʃarʃu]

91. Keuken

keuken (de)	**кухни**	[kuhni]
gas (het)	**газ**	[gaz]
gasfornuis (het)	**газан плита**	[gazan plita]
elektrisch fornuis (het)	**электрически плита**	[ɛlektriʧeski plita]
oven (de)	**духовка**	[duhovka]
magnetronoven (de)	**микроволнови пеш**	[mikrɔvɔlnɔwi peʃ]
koelkast (de)	**шелиг**	[ʃəlig]
diepvriezer (de)	**морозильник**	[mɔrɔziʎnik]
vaatwasmachine (de)	**пхьегlаш йулу машина**	[pheɣaʃ julu maʃina]
vleesmolen (de)	**жижигъохьург**	[ʒiʒigʰɔhurg]
vruchtenpers (de)	**муттадоккхург**	[mut:adɔk:urg]
toaster (de)	**тостер**	[tɔster]
mixer (de)	**миксер**	[mikser]

koffiemachine (de)	**къахьокхехкорг**	[qahɔqehkɔrg]
koffiepot (de)	**къахьокхехкорг**	[qahɔqehkɔrg]
koffiemolen (de)	**къахьоахьарг**	[qahɔaharg]
fluitketel (de)	**чайник**	[ʧajnik]
theepot (de)	**чайник**	[ʧajnik]
deksel (de/het)	**негӀар**	[neɣar]
theezeefje (het)	**цаца**	[ʦaʦa]
lepel (de)	**Ӏайг**	[əajg]
theelepeltje (het)	**стаканан Ӏайг**	[stakanan əajg]
eetlepel (de)	**аьчка Ӏайг**	[æʧka əajg]
vork (de)	**мӀара**	[məara]
mes (het)	**урс**	[urs]
vaatwerk (het)	**пхьегӀаш**	[pheɣaʃ]
bord (het)	**бошхап**	[bɔʃhap]
schoteltje (het)	**бошхап**	[bɔʃhap]
likeurglas (het)	**рюмка**	[rymka]
glas (het)	**стака**	[staka]
kopje (het)	**кад**	[kad]
suikerpot (de)	**шекардухкург**	[ʃəkarduhkurg]
zoutvat (het)	**туьхадухкург**	[tyhaduhkurg]
pepervat (het)	**бурчъюхкург**	[burʧʰjuhkurg]
boterschaaltje (het)	**даьттадуьллург**	[dæt:adyl:urg]
steelpan (de)	**яй**	[jaj]
bakpan (de)	**зайла**	[zajla]
pollepel (de)	**чами**	[ʧami]
vergiet (de/het)	**луьттар**	[lyt:ar]
dienblad (het)	**хедар**	[hedar]
fles (de)	**шиша**	[ʃiʃa]
glazen pot (de)	**банка**	[baŋka]
blik (conserven~)	**банка**	[baŋka]
flesopener (de)	**схьадоьллург**	[shadøl:urg]
blikopener (de)	**схьадоьллург**	[shadøl:urg]
kurkentrekker (de)	**штопор**	[ʃtɔpɔr]
filter (de/het)	**луьттург**	[lyt:urg]
filteren (ww)	**литта**	[lit:a]
huisvuil (het)	**нехаш**	[nehaʃ]
vuilnisemmer (de)	**нехийн ведар**	[nehi:n wedar]

92. Badkamer

badkamer (de)	**ваннан чоь**	[vaŋan ʧø]
water (het)	**хи**	[hi]
kraan (de)	**кран**	[kran]
warm water (het)	**довха хи**	[dɔvha hi]
koud water (het)	**шийла хи**	[ʃi:la hi]

tandpasta (de)	**цергийн паста**	[tsergi:n pasta]
tanden poetsen (ww)	**цергаш цlанъян**	[tsergaʃ tshanʰjan]
zich scheren (ww)	**даша**	[daʃa]
scheercrème (de)	**чопа**	[ʧɔpa]
scheermes (het)	**урс**	[urs]
wassen (ww)	**дила**	[dila]
een bad nemen	**дила**	[dila]
douche (de)	**душ**	[duʃ]
een douche nemen	**лийча**	[li:ʧa]
bad (het)	**ванна**	[vaŋa]
toiletpot (de)	**унитаз**	[unitaz]
wastafel (de)	**раковина**	[rakɔwina]
zeep (de)	**саба**	[saba]
zeepbakje (het)	**сабадуьллург**	[sabadyl:urg]
spons (de)	**худург**	[hudurg]
shampoo (de)	**шампунь**	[ʃampuɲ]
handdoek (de)	**гата**	[gata]
badjas (de)	**оба**	[ɔba]
was (bijv. handwas)	**диттар**	[dit:ar]
wasmachine (de)	**хlуманаш юьтту машина**	[humanaʃ jut:u maʃina]
de was doen	**чухулаюху хlуманаш йитта**	[ʧuhulajuhu humanaʃ jıt:a]
waspoeder (de)	**хlуманаш юьтту порошок**	[humanaʃ jut:u pɔrɔʃɔk]

93. Huishoudelijke apparaten

televisie (de)	**телевизор**	[telewizɔr]
cassettespeler (de)	**магнитофон**	[magnitɔfɔn]
videorecorder (de)	**видеомагнитофон**	[wideɔmagnitɔfɔn]
radio (de)	**приёмник**	[priɜmnik]
speler (de)	**плеер**	[ple:r]
videoprojector (de)	**видеопроектор**	[wideɔprɔektɔr]
home theater systeem (het)	**цlахь лело кинотеатр**	[tshah lelɔ kinɔteatr]
DVD-speler (de)	**DVD гойтург**	[diwidi gɔjturg]
versterker (de)	**чlагlдийриг**	[ʧhaɣdi:rig]
spelconsole (de)	**ловзаран приставка**	[lɔvzaran pristavka]
videocamera (de)	**видеокамера**	[wideɔkamera]
fotocamera (de)	**фотоаппарат**	[fɔtɔap:arat]
digitale camera (de)	**цифровой фотоаппарат**	[tsifrɔvɔj fɔtɔap:arat]
stofzuiger (de)	**чанъузург**	[ʧanʰuzurg]
strijkijzer (het)	**иту**	[itu]
strijkplank (de)	**иту хьокху у**	[itu hɔqu u]
telefoon (de)	**телефон**	[telefɔn]
mobieltje (het)	**мобильни телефон**	[mɔbiʎni telefɔn]

schrijfmachine (de)	**зорба туху машина**	[zɔrba tuhu maʃina]
naaimachine (de)	**чарх**	[ʧarh]
microfoon (de)	**микрофон**	[mikrɔfɔn]
koptelefoon (de)	**ладугӏурграш**	[laduɣurgaʃ]
afstandsbediening (de)	**пульт**	[puʎt]
CD (de)	**компакт-диск**	[kɔmpakt disk]
cassette (de)	**кассета**	[kas:eta]
vinylplaat (de)	**пластинка**	[plastiŋka]

94. Reparaties. Renovatie

renovatie (de)	**таяр**	[tajar]
renoveren (ww)	**ремонт яр**	[remɔnt jar]
repareren (ww)	**ремонт ян**	[remɔnt jan]
op orde brengen	**къепе дало**	[qhepe dalɔ]
overdoen (ww)	**юхадан**	[juhadan]
verf (de)	**басар**	[basar]
verven (muur ~)	**басар хьакха**	[basar haqa]
schilder (de)	**басарча**	[basarʧa]
kwast (de)	**щётка**	[ɕɜtka]
kalk (de)	**кир тоха**	[kir tɔha]
kalken (ww)	**кир тоха**	[kir tɔha]
behang (het)	**обойш**	[ɔbɔjʃ]
behangen (ww)	**обойш лато**	[ɔbɔjʃ latɔ]
lak (de/het)	**лак**	[lak]
lakken (ww)	**лак хьакха**	[lak haqa]

95. Loodgieterswerk

water (het)	**хи**	[hi]
warm water (het)	**довха хи**	[dɔvha hi]
koud water (het)	**шийла хи**	[ʃi:la hi]
kraan (de)	**кран**	[kran]
druppel (de)	**тӏадам**	[thadam]
druppelen (ww)	**леда**	[leda]
lekken (een lek hebben)	**эха**	[ɛha]
lekkage (de)	**дӏаэхар**	[dəaəhar]
plasje (het)	**ӏам**	[əam]
buis, leiding (de)	**биргӏа**	[birɣa]
stopkraan (de)	**пиллиг**	[pil:ig]
verstopt raken (ww)	**дукъадала**	[duqhadala]
gereedschap (het)	**гӏирсаш**	[ɣirsaʃ]
Engelse sleutel (de)	**галморзахдоккху догӏа**	[galmɔrzahdɔk:u dɔɣa]
losschroeven (ww)	**схьахьовзо**	[shahɔvzɔ]

aanschroeven (ww)	**хьовзо**	[hɔvzɔ]
ontstoppen (riool, enz.)	**дlацlандан**	[dəaʦhandan]
loodgieter (de)	**сантехник**	[santehnik]
kelder (de)	**ор**	[ɔr]
riolering (de)	**канализаци**	[kanalizaʦi]

96. Brand. Vuurzee

vuur (het)	**цlе**	[ʦhe]
vlam (de)	**алу**	[alu]
vonk (de)	**суй**	[suj]
rook (de)	**кlур**	[k:ur]
fakkel (de)	**хаьштиг**	[hæʃtig]
kampvuur (het)	**цlе**	[ʦhe]
benzine (de)	**бензин**	[benzin]
kerosine (de)	**мехкадаьтта**	[mehkadæt:a]
brandbaar (bn)	**догу**	[dɔgu]
ontplofbaar (bn)	**эккхар кхераме**	[ɛk:ar qerame]
VERBODEN TE ROKEN!	**ЦИГАЬРКА ОЗА МЕГАШ ДАЦ!**	[ʦigærka ɔza megaʃ daʦ]
veiligheid (de)	**кхерамза**	[qeramza]
gevaar (het)	**кхерам**	[qeram]
gevaarlijk (bn)	**кхераме**	[qerame]
in brand vliegen (ww)	**дата**	[data]
explosie (de)	**эккхар**	[ɛk:ar]
in brand steken (ww)	**лато**	[latɔ]
brandstichter (de)	**цlетасархо**	[ʦhetasarhɔ]
brandstichting (de)	**цlе йиллар**	[ʦhe jɪl:ar]
vlammen (ww)	**алу тийса**	[alu ti:sa]
branden (ww)	**догуш хила**	[dɔguʃ hila]
afbranden (ww)	**даьгна дlадала**	[dægna dəadala]
brandweerman (de)	**цlе йойу**	[ʦhe joju]
brandweerwagen (de)	**цlе йойу машина**	[ʦhe joju maʃina]
brandweer (de)	**цlе йойу орца**	[ʦhe joju ɔrʦa]
uitschuifbare ladder (de)	**цlе йойу лами**	[ʦhe joju lami]
brandslang (de)	**марш**	[marʃ]
brandblusser (de)	**цlейойург**	[ʦhejojurg]
helm (de)	**каска**	[kaska]
sirene (de)	**сирена**	[sirena]
roepen (ww)	**мохь бетта**	[mɔh bet:a]
hulp roepen	**гlонна кхайкха**	[ɣɔŋa qajqa]
redder (de)	**кlелхьардакххархо**	[k:elhardaqharhɔ]
redden (ww)	**кlелхьардаккха**	[k:elhardak:a]
aankomen (per auto, enz.)	**дан**	[dan]
blussen (ww)	**дlадайа**	[dəadaja]
water (het)	**хи**	[hi]

zand (het)	**гӀум**	[ɣum]
ruïnes (mv.)	**къапалг**	[qhapalg]
instorten (gebouw, enz.)	**харца**	[hartsa]
ineenstorten (ww)	**чухарца**	[tʃuhartsa]
inzakken (ww)	**охьахарца**	[ɔhahartsa]
brokstuk (het)	**кийсиг**	[ki:sig]
as (de)	**чим**	[tʃim]
verstikken (ww)	**садукъадала**	[saduqhadala]
omkomen (ww)	**хӀаллакьхила**	[hal:akʲhila]

MENSELIJKE ACTIVITEITEN

Baan. Business. Deel 1

97. Bankieren

bank (de)	**банк**	[baŋk]
bankfiliaal (het)	**отделени**	[ɔtdeleni]
bankbediende (de)	**консультант**	[kɔnsuʎtant]
manager (de)	**урхалхо**	[urhalho]
bankrekening (de)	**счёт**	[sʧɔt]
rekeningnummer (het)	**чотан номер**	[ʧɔtan nɔmer]
lopende rekening (de)	**карара чот**	[karara ʧɔt]
spaarrekening (de)	**накопительни чот**	[nakɔpiteʎni ʧɔt]
een rekening openen	**чот схьайелла**	[ʧɔt shajel:a]
de rekening sluiten	**чот дlакъовла**	[ʧɔt dəaqhɔvla]
op rekening storten	**счёт тlедилла**	[sʧɔt thedil:a]
opnemen (ww)	**счёт тlера схьаэца**	[sʧɔt thera shaəʦa]
storting (de)	**диллар**	[dil:ar]
een storting maken	**дилла**	[dil:a]
overschrijving (de)	**дахьийтар**	[dahi:tar]
een overschrijving maken	**дахьийта**	[dahi:ta]
som (de)	**жамl**	[ʒamə]
Hoeveel?	**Мел?**	[mel]
handtekening (de)	**куьг**	[kyg]
ondertekenen (ww)	**куьг таlо**	[kyg taəɔ]
kredietkaart (de)	**кредитан карта**	[kreditan karta]
code (de)	**код**	[kɔd]
kredietkaartnummer (het)	**кредитан картан номер**	[kreditan kartan nɔmer]
geldautomaat (de)	**банкомат**	[baŋkɔmat]
cheque (de)	**чек**	[ʧek]
een cheque uitschrijven	**чек язъян**	[ʧek jazʰjan]
chequeboekje (het)	**чекан книшка**	[ʧekan kniʃka]
lening, krediet (de)	**кредит**	[kredit]
een lening aanvragen	**кредит дехар**	[kredit dehar]
een lening nemen	**кредит эца**	[kredit ɛʦa]
een lening verlenen	**кредит далар**	[kredit dalar]
garantie (de)	**юкъархилар**	[juqharhilar]

98. Telefoon. Telefoongesprek

telefoon (de)	**телефон**	[telefɔn]
mobieltje (het)	**мобильни телефон**	[mɔbiʎni telefɔn]
antwoordapparaat (het)	**автоответчик**	[ɑvto:twetʃik]
bellen (ww)	**детта**	[det:ɑ]
belletje (telefoontje)	**горгали**	[gɔrgɑli]
een nummer draaien	**номер эца**	[nɔmer ɛtsɑ]
Hallo!	**Алло!**	[ɑl:ɔ]
vragen (ww)	**хатта**	[hat:ɑ]
antwoorden (ww)	**жоп дала**	[ʒɔp dɑlɑ]
horen (ww)	**хаза**	[hazɑ]
goed (bw)	**дика ду**	[dikɑ du]
slecht (bw)	**вон ду**	[vɔn du]
storingen (mv.)	**новкъарлонаш**	[nɔvqharlɔnɑʃ]
hoorn (de)	**луьлла**	[lyl:ɑ]
opnemen (ww)	**луьлла эца**	[lyl:ɑ ɛtsɑ]
ophangen (ww)	**луьлла охьайилла**	[lyl:ɑ ɔhajɪl:ɑ]
bezet (bn)	**мукъа доцу**	[muqhɑ dɔtsu]
overgaan (ww)	**етта**	[et:ɑ]
telefoonboek (het)	**телефонан книга**	[telefɔnɑn knigɑ]
lokaal gesprek (het)	**меттигара**	[met:igɑrɑ]
buitenlands (bn)	**гlаланашна юккъера**	[ɣɑlɑnɑʃnɑ jukqherɑ]

99. Mobiele telefoon

mobieltje (het)	**мобильни телефон**	[mɔbiʎni telefɔn]
scherm (het)	**дисплей**	[displej]
toets, knop (de)	**кнопка**	[knɔpkɑ]
simkaart (de)	**SIM-карта**	[sim kɑrtɑ]
batterij (de)	**батарей**	[bɑtɑrej]
leeg zijn (ww)	**кхачадала**	[qɑtʃɑdɑlɑ]
acculader (de)	**юзаран гlирс**	[juzɑrɑn ɣirs]
menu (het)	**меню**	[meny]
instellingen (mv.)	**настройкаш**	[nɑstrɔjkɑʃ]
melodie (beltoon)	**мукъам**	[muqhɑm]
selecteren (ww)	**харжа**	[harʒɑ]
rekenmachine (de)	**калькулятор**	[kɑʎkuʎɑtɔr]
voicemail (de)	**автоответчик**	[ɑvto:twetʃik]
wekker (de)	**сомавоккху сахьт**	[sɔmɑvɔk:u sɑht]
contacten (mv.)	**телефонан книга**	[telefɔnɑn knigɑ]
SMS-bericht (het)	**SMS-хаам**	[ɛsɛmɛs hɑ:m]
abonnee (de)	**абонент**	[ɑbɔnent]

100. Schrijfbehoeften

balpen (de)	**авторучка**	[avtɔrutʃka]
vulpen (de)	**перо**	[perɔ]
potlood (het)	**къолам**	[qhɔlam]
marker (de)	**маркер**	[marker]
viltstift (de)	**фломастер**	[flɔmaster]
notitieboekje (het)	**блокнот**	[blɔknɔt]
agenda (boekje)	**ежедневник**	[eʒednevnik]
liniaal (de/het)	**линейка**	[linejka]
rekenmachine (de)	**калькулятор**	[kaʎkuʎatɔr]
gom (de)	**лаьстиг**	[læstig]
punaise (de)	**кнопка**	[knɔpka]
paperclip (de)	**маlар**	[maəar]
lijm (de)	**клей**	[klej]
nietmachine (de)	**степлер**	[stepler]
perforator (de)	**lуьргашдохург**	[əyrgaʃdɔhurg]
potloodslijper (de)	**точилк**	[tɔtʃilk]

Baan. Business. Deel 2

101. Massamedia

krant (de)	**газета**	[gazeta]
tijdschrift (het)	**журнал**	[ʒurnal]
pers (gedrukte media)	**пресса**	[pres:a]
radio (de)	**радио**	[radiɔ]
radiostation (het)	**радиостанци**	[radiɔstanʦi]
televisie (de)	**телевидени**	[telewideni]
presentator (de)	**телевиденин ведущий**	[telewidenin weduɕi:]
nieuwslezer (de)	**диктор**	[diktɔr]
commentator (de)	**комментархо**	[kɔm:entarhɔ]
journalist (de)	**журналист**	[ʒurnalist]
correspondent (de)	**корреспондент**	[kɔr:espɔndent]
fotocorrespondent (de)	**фотокорреспондент**	[fɔtɔkɔr:espɔndent]
reporter (de)	**репортёр**	[repɔrtɜr]
redacteur (de)	**редактор**	[redaktɔr]
chef-redacteur (de)	**коьрта редактор**	[kørta redaktɔr]
zich abonneren op	**яздала**	[jazdala]
abonnement (het)	**яздар**	[jazdar]
abonnee (de)	**язвалархо**	[jazvalarhɔ]
lezen (ww)	**еша**	[eʃa]
lezer (de)	**ешархо**	[eʃarhɔ]
oplage (de)	**тираж**	[tiraʒ]
maand-, maandelijks (bn)	**хlор беттан**	[hɔr bet:an]
wekelijks (bn)	**хlор кlиранан**	[hɔr k:iranan]
nummer (het)	**номер**	[nɔmer]
vers (~ van de pers)	**керла**	[kerla]
kop (de)	**корта**	[kɔrta]
korte artikel (het)	**билгало**	[bilgalɔ]
rubriek (de)	**рубрика**	[rubrika]
artikel (het)	**статья**	[statja]
pagina (de)	**агlо**	[aɣɔ]
reportage (de)	**репортаж**	[repɔrtaʒ]
gebeurtenis (de)	**хилларг**	[hil:arg]
sensatie (de)	**сенсаци**	[sensaʦi]
schandaal (het)	**дов**	[dɔv]
schandalig (bn)	**девне**	[devne]
groot (~ schandaal, enz.)	**чlоrla**	[ʧhɔɣa]
programma (het)	**передача**	[peredaʧa]
interview (het)	**интервью**	[intervjy]

live uitzending (de)	**дуьххьал трансляци**	[dyhal transʎatsi]
kanaal (het)	**канал**	[kanal]

102. Landbouw

landbouw (de)	**юртан бахам**	[jurtan baham]
boer (de)	**ахархо**	[aharhɔ]
boerin (de)	**ахархо**	[aharhɔ]
landbouwer (de)	**фермер**	[fermer]
tractor (de)	**трактор**	[traktɔr]
maaidorser (de)	**комбайн**	[kɔmbajn]
ploeg (de)	**гота**	[gɔta]
ploegen (ww)	**аха**	[aha]
akkerland (het)	**охана**	[ɔhana]
voor (de)	**харш**	[harʃ]
zaaien (ww)	**ден**	[den]
zaaimachine (de)	**хIутосург**	[hutɔsurg]
zaaien (het)	**дIадер**	[dəader]
zeis (de)	**мангал**	[maŋal]
maaien (ww)	**мангал хьакха**	[maŋal haqa]
schop (de)	**бел**	[bel]
spitten (ww)	**ахка**	[ahka]
schoffel (de)	**метиг**	[metig]
wieden (ww)	**асар дан**	[asar dan]
onkruid (het)	**асар**	[asar]
gieter (de)	**хитухург**	[hituhurg]
begieten (water geven)	**хи тоха**	[hi tɔha]
bewatering (de)	**хи тохар**	[hi tɔhar]
riek, hooivork (de)	**шада**	[ʃada]
hark (de)	**кагтуха**	[kagtuha]
meststof (de)	**удобрени**	[udɔbreni]
bemesten (ww)	**удобрени тасар**	[udɔbreni tasar]
mest (de)	**кхелли**	[qel:i]
veld (het)	**аре**	[are]
wei (de)	**бай**	[baj]
moestuin (de)	**хасбеш**	[hasbeʃ]
boomgaard (de)	**хасбеш**	[hasbeʃ]
weiden (ww)	**дажо**	[daʒɔ]
herder (de)	**Iу**	[əu]
weiland (de)	**дежийла**	[deʒi:la]
veehouderij (de)	**даьхнилелор**	[dæhnilelɔr]
schapenteelt (de)	**жалелор**	[ʒalelɔr]

plantage (de)	**плантаци**	[plantatsi]
rijtje (het)	**хесалг**	[hesalg]
broeikas (de)	**парник**	[parnik]
droogte (de)	**йокъо**	[joqhɔ]
droog (bn)	**йокъо хlутту**	[joqhɔ hut:u]
graangewassen (mv.)	**буьртиган**	[byrtigan]
oogsten (ww)	**буьртигаш долу**	[byrtigaʃ dɔlu]
molenaar (de)	**хьархо**	[harhɔ]
molen (de)	**хьера**	[hera]
malen (graan ~)	**ахьа**	[aha]
bloem (bijv. tarwebloem)	**дама**	[dama]
stro (het)	**ча**	[ʧa]

103. Gebouw. Bouwproces

bouwplaats (de)	**гlишлош йойла**	[ɣiʃlɔʃ jojla]
bouwen (ww)	**дан**	[dan]
bouwvakker (de)	**гlишлошъярхо**	[ɣiʃlɔʃʰjarhɔ]
project (het)	**проект**	[prɔekt]
architect (de)	**архитектор**	[arhitektɔr]
arbeider (de)	**белхало**	[belhalɔ]
fundering (de)	**бух**	[buh]
dak (het)	**тхов**	[thov]
heipaal (de)	**бlогlам**	[bəɔɣam]
muur (de)	**пен**	[pen]
betonstaal (het)	**арматура**	[armatura]
steigers (mv.)	**гlоьнан ламеш**	[ɣønan lameʃ]
beton (het)	**бетон**	[betɔn]
graniet (het)	**гранит**	[granit]
steen (de)	**тlулг**	[thulg]
baksteen (de)	**кибарчиг**	[kibarʧig]
zand (het)	**гlум**	[ɣum]
cement (de/het)	**цемент**	[ʦement]
pleister (het)	**хьахар**	[hahar]
pleisteren (ww)	**хьаха**	[haha]
verf (de)	**басар**	[basar]
verven (muur ~)	**басар хьакха**	[basar haqa]
ton (de)	**боьшка**	[bøʃka]
kraan (de)	**чlинт**	[ʧhint]
heffen, hijsen (ww)	**хьалаайар**	[hala:jar]
neerlaten (ww)	**дlахеца**	[dəahetsa]
bulldozer (de)	**бульдозер**	[buʎdɔzer]
graafmachine (de)	**экскаватор**	[ɛkskavatɔr]
graafbak (de)	**кхимар**	[qimar]

graven (tunnel, enz.)	**ахка**	[ahka]
helm (de)	**каска**	[kaska]

Beroepen en ambachten

104. Zoeken naar werk. Ontslag

baan (de)	**болх**	[bɔlh]
personeel (het)	**штат**	[ʃtat]
carrière (de)	**карьера**	[karjera]
vooruitzichten (mv.)	**перспектива**	[perspektiva]
meesterschap (het)	**говзалла**	[gɔvzal:a]
keuze (de)	**харжар**	[harʒar]
uitzendbureau (het)	**кадрашха агенталла**	[kadraʃha agental:a]
CV, curriculum vitae (het)	**резюме**	[rezyme]
sollicitatiegesprek (het)	**къамел дар**	[qhamel dar]
vacature (de)	**ваканси**	[vakansi]
salaris (het)	**алапа**	[alapa]
vaste salaris (het)	**алапа**	[alapa]
loon (het)	**алапа далар**	[alapa dalar]
betrekking (de)	**гӏуллакх**	[ɣul:aq]
taak, plicht (de)	**декхар**	[deqar]
takenpakket (het)	**нах**	[nah]
bezig (~ zijn)	**мукъаза**	[muqhaza]
ontslagen (ww)	**дӏадаккха**	[dəadak:a]
ontslag (het)	**дӏадаккхар**	[dəadak:ar]
werkloosheid (de)	**белхазалла**	[belhazal:a]
werkloze (de)	**белхазхо**	[belhazho]
pensioen (het)	**пенси**	[pensi]
met pensioen gaan	**пенси ваха**	[pensi vaha]

105. Zakenmensen

directeur (de)	**директор**	[direktɔr]
beheerder (de)	**урхалхо**	[urhalho]
hoofd (het)	**куьйгалхо, шеф**	[kyjgalho], [ʃəf]
baas (de)	**хьаькам**	[hækam]
superieuren (mv.)	**хьаькамаш**	[hækamaʃ]
president (de)	**паччахь**	[patʃah]
voorzitter (de)	**председатель**	[predsedateʎ]
adjunct (de)	**когаметтаниг**	[kɔgamet:anig]
assistent (de)	**гӏоьнча**	[ɣøntʃa]
secretaris (de)	**секретарь**	[sekretarʲ]

persoonlijke assistent (de)	**долахь волу секретарь**	[dɔlah vɔlu sekretarʲ]
zakenman (de)	**бизнесхо**	[biznesho]
ondernemer (de)	**хьуьнарча**	[hynartʃa]
oprichter (de)	**диллинарг**	[dil:inarg]
oprichten (een nieuw bedrijf ~)	**дилла**	[dil:a]
stichter (de)	**кхоллархо**	[qɔl:arhɔ]
partner (de)	**декъашхо**	[deqhaʃho]
aandeelhouder (de)	**акци ерг**	[aktsi erg]
miljonair (de)	**миллионхо**	[mil:iɔnho]
miljardair (de)	**миллиардхо**	[mil:iardho]
eigenaar (de)	**да**	[da]
landeigenaar (de)	**латтада**	[læt:ada]
klant (de)	**клиент**	[klient]
vaste klant (de)	**даимлера клиент**	[daimlera klient]
koper (de)	**эцархо**	[ɛtsarhɔ]
bezoeker (de)	**оьхург**	[øhurg]
professioneel (de)	**говзанча**	[gɔvzantʃa]
expert (de)	**эксперт**	[ɛkspert]
specialist (de)	**говзанча**	[gɔvzantʃa]
bankier (de)	**банкир**	[baŋkir]
makelaar (de)	**брокер**	[brɔker]
kassier (de)	**кассир**	[kas:ir]
boekhouder (de)	**бухгалтер**	[buhgalter]
bewaker (de)	**хехо**	[heho]
investeerder (de)	**инвестор**	[investɔr]
schuldenaar (de)	**декхархо**	[deqarhɔ]
crediteur (de)	**кредитор**	[kreditɔr]
lener (de)	**декхархо**	[deqarhɔ]
importeur (de)	**импортхо**	[impɔrtho]
exporteur (de)	**экспортхо**	[ɛkspɔrtho]
producent (de)	**арахоьцург**	[arahøtsurg]
distributeur (de)	**дистрибьютор**	[distribjytɔr]
bemiddelaar (de)	**юкъарлонча**	[juqharlɔntʃa]
adviseur, consulent (de)	**консультант**	[kɔnsuʎtant]
vertegenwoordiger (de)	**векал**	[wekal]
agent (de)	**агент**	[agent]
verzekeringsagent (de)	**страховкин агент**	[strahovkin agent]

106. Dienstverlenende beroepen

kok (de)	**кхачанхо**	[qatʃanho]
chef-kok (de)	**шеф-кхачанхо**	[ʃəf qatʃanho]
bakker (de)	**пурнхо**	[purnho]

barman (de)	**бармен**	[barmen]
kelner, ober (de)	**официант**	[ɔfitsiant]
serveerster (de)	**официантка**	[ɔfitsiantka]
advocaat (de)	**хьехамча**	[hehamtʃa]
jurist (de)	**юрист**	[jurist]
notaris (de)	**нотариус**	[nɔtarius]
elektricien (de)	**монтер**	[mɔnter]
loodgieter (de)	**сантехник**	[santehnik]
timmerman (de)	**дечиг-пхьар**	[detʃig phar]
masseur (de)	**массажхо**	[mas:aʒho]
masseuse (de)	**массажхо**	[mas:aʒho]
dokter, arts (de)	**лор**	[lɔr]
taxichauffeur (de)	**таксист**	[taksist]
chauffeur (de)	**шофер**	[ʃɔfer]
koerier (de)	**курьер**	[kurjer]
kamermeisje (het)	**хIусамча**	[husamtʃa]
bewaker (de)	**хехо**	[heho]
stewardess (de)	**стюардесса**	[styardes:a]
meester (de)	**хьехархо**	[heharhɔ]
bibliothecaris (de)	**библиотекахо**	[bibliɔtekaho]
vertaler (de)	**талмаж**	[talmaʒ]
tolk (de)	**талмаж**	[talmaʒ]
gids (de)	**гид**	[gid]
kapper (de)	**парикмахер**	[parikmaher]
postbode (de)	**почтальон**	[pɔtʃtaʎʲɔn]
verkoper (de)	**йохкархо**	[johkarhɔ]
tuinman (de)	**бешахо**	[beʃaho]
huisbediende (de)	**ялхо**	[jalho]
dienstmeisje (het)	**ялхо**	[jalho]
schoonmaakster (de)	**цIанонча**	[tshanɔntʃa]

107. Militaire beroepen en rangen

soldaat (rang)	**моrIapера**	[mɔɣarera]
sergeant (de)	**сержант**	[serʒant]
luitenant (de)	**лейтенант**	[lejtenant]
kapitein (de)	**капитан**	[kapitan]
majoor (de)	**майор**	[major]
kolonel (de)	**полковник**	[pɔlkɔvnik]
generaal (de)	**инарла**	[inarla]
maarschalk (de)	**маршал**	[marʃal]
admiraal (de)	**адмирал**	[admiral]
militair (de)	**тIеман**	[theman]
soldaat (de)	**салти**	[salti]

officier (de)	**эпсар**	[ɛpsar]
commandant (de)	**командир**	[kɔmandir]
grenswachter (de)	**дозанхо**	[dɔzanho]
marconist (de)	**радиохаамхо**	[radiɔha:mho]
verkenner (de)	**талламхо**	[tal:amho]
sappeur (de)	**сапёр**	[sapɜr]
schutter (de)	**кхоссархо**	[qɔs:arhɔ]
stuurman (de)	**штурман**	[ʃturman]

108. Ambtenaren. Priesters

koning (de)	**паччахь**	[paʧah]
koningin (de)	**зуда-паччахь**	[zuda paʧah]
prins (de)	**принц**	[prinʦ]
prinses (de)	**принцесса**	[prinʦes:a]
tsaar (de)	**паччахь**	[paʧah]
tsarina (de)	**зуда-паччахь**	[zuda paʧah]
president (de)	**паччахь**	[paʧah]
minister (de)	**министр**	[ministr]
eerste minister (de)	**примьер-министр**	[primjer ministr]
senator (de)	**сенатхо**	[senatho]
diplomaat (de)	**дипломат**	[diplɔmat]
consul (de)	**консул**	[kɔnsul]
ambassadeur (de)	**векал**	[wekal]
adviseur (de)	**хьехамча**	[hehamʧa]
ambtenaar (de)	**чиновник**	[ʧinɔvnik]
prefect (de)	**префект**	[prefekt]
burgemeester (de)	**мэр**	[mɛr]
rechter (de)	**суьдхо**	[sydho]
aanklager (de)	**прокурор**	[prɔkurɔr]
missionaris (de)	**миссионер**	[mis:iɔner]
monnik (de)	**монах**	[mɔnah]
abt (de)	**аббат**	[ab:at]
rabbi, rabbijn (de)	**равин**	[rawin]
vizier (de)	**визирь**	[wizirʲ]
sjah (de)	**шах**	[ʃah]
sjeik (de)	**шайх**	[ʃajh]

109. Agrarische beroepen

imker (de)	**накхарамозийлелорхо**	[naqaramɔzi:lelɔrhɔ]
herder (de)	**Iу**	[əu]
landbouwkundige (de)	**агроном**	[agrɔnɔm]

veehouder (de)	**даьхнийлелорхо**	[dæhni:lelɔrhɔ]
dierenarts (de)	**ветеринар**	[weterinar]
landbouwer (de)	**фермер**	[fermer]
wijnmaker (de)	**чаьlардоккхург**	[ʧaɣardɔk:urg]
zoöloog (de)	**зоолог**	[zo:lɔg]
cowboy (de)	**ковбой**	[kɔvbɔj]

110. Kunst beroepen

acteur (de)	**актёр**	[aktɜr]
actrice (de)	**актриса**	[aktrisa]
zanger (de)	**эшархо**	[ɛʃarhɔ]
zangeres (de)	**эшархо**	[ɛʃarhɔ]
danser (de)	**хелхархо**	[helharhɔ]
danseres (de)	**хелхархо**	[helharhɔ]
artiest (mann.)	**артист**	[artist]
artiest (vrouw.)	**артист**	[artist]
muzikant (de)	**музыкант**	[muzɪkant]
pianist (de)	**пианист**	[pianist]
gitarist (de)	**гитарча**	[gitarʧa]
orkestdirigent (de)	**дирижёр**	[diriʒɜr]
componist (de)	**композитор**	[kɔmpɔzitɔr]
impresario (de)	**импресарио**	[impresariɔ]
filmregisseur (de)	**режиссёр**	[reʒis:ɜr]
filmproducent (de)	**продюсер**	[prɔdyser]
scenarioschrijver (de)	**сценарихо**	[stsenariho]
criticus (de)	**критик**	[kritik]
schrijver (de)	**яздархо**	[jazdarhɔ]
dichter (de)	**илланча**	[il:anʧa]
beeldhouwer (de)	**скульптор**	[skuʎptɔr]
kunstenaar (de)	**исбаьхьалча**	[isbæhalʧa]
jongleur (de)	**жонглёр**	[ʒɔŋlɜr]
clown (de)	**жухарг**	[ʒuharg]
acrobaat (de)	**пелхьо**	[pelhɔ]
goochelaar (de)	**бозбуунча**	[bɔzbu:nʧa]

111. Verschillende beroepen

dokter, arts (de)	**лор**	[lɔr]
ziekenzuster (de)	**лорйиша**	[lɔrjɪʃa]
psychiater (de)	**психиатр**	[psihiatr]
tandarts (de)	**цергийн лор**	[tsergi:n lɔr]
chirurg (de)	**хирург**	[hirurg]

astronaut (de)	**астронавт**	[astrɔnavt]
astronoom (de)	**астроном**	[astrɔnɔm]
piloot (de)	**кеманхо**	[kemanho]
chauffeur (de)	**лелорхо**	[lelɔrhɔ]
machinist (de)	**машинхо**	[maʃinho]
mecanicien (de)	**механик**	[mehanik]
mijnwerker (de)	**кlорабаккхархо**	[k:ɔrabak:arhɔ]
arbeider (de)	**белхало**	[belhalɔ]
bankwerker (de)	**слесарь**	[slesarʲ]
houtbewerker (de)	**дечка пхьар**	[detʃka phar]
draaier (de)	**токарь**	[tɔkarʲ]
bouwvakker (de)	**гlишлошъярхо**	[ɣiʃlɔʃʰjarhɔ]
lasser (de)	**латорхо**	[latɔrhɔ]
professor (de)	**профессор**	[prɔfes:ɔr]
architect (de)	**архитектор**	[arhitektɔr]
historicus (de)	**историк**	[istɔrik]
wetenschapper (de)	**дешна**	[deʃna]
fysicus (de)	**физик**	[fizik]
scheikundige (de)	**химик**	[himik]
archeoloog (de)	**археолог**	[arheolɔg]
geoloog (de)	**геолог**	[geɔlɔg]
onderzoeker (de)	**талламхо**	[tal:amho]
babysitter (de)	**баба**	[baba]
leraar, pedagoog (de)	**хьехархо**	[heharhɔ]
redacteur (de)	**редактор**	[redaktɔr]
chef-redacteur (de)	**коьрта редактор**	[kørta redaktɔr]
correspondent (de)	**корреспондент**	[kɔr:espɔndent]
typiste (de)	**машинхо**	[maʃinho]
designer (de)	**дизайнер**	[dizajner]
computerexpert (de)	**компьютерхо**	[kɔmpjyterhɔ]
programmeur (de)	**программист**	[prɔgram:ist]
ingenieur (de)	**инженер**	[inʒener]
matroos (de)	**хlордахо**	[hɔrdaho]
zeeman (de)	**хlордахо**	[hɔrdaho]
redder (de)	**кlелхьардакххархо**	[k:elhardaqharhɔ]
brandweerman (de)	**цlе йойу**	[tshe joju]
politieagent (de)	**полици**	[pɔlitsi]
nachtwaker (de)	**хехо**	[heho]
detective (de)	**лахарча**	[lahartʃa]
douanier (de)	**таможхо**	[tamɔʒho]
lijfwacht (de)	**ларвархо**	[larvarhɔ]
gevangenisbewaker (de)	**набахтхо**	[nabahtho]
inspecteur (de)	**инспектор**	[inspektɔr]
sportman (de)	**спортхо**	[spɔrtho]
trainer (de)	**тренер**	[trener]

slager, beenhouwer (de)	**хасапхо**	[hasapho]
schoenlapper (de)	**эткийн пхьар**	[ɛtki:n phar]
handelaar (de)	**совдегар**	[sɔvdegar]
lader (de)	**киранча**	[kirantʃa]
kledingstilist (de)	**модельхо**	[mɔdeʎho]
model (het)	**модель**	[mɔdeʎ]

112. Beroepen. Sociale status

scholier (de)	**школахо**	[ʃkɔlaho]
student (de)	**студент**	[student]
filosoof (de)	**философ**	[filɔsɔf]
econoom (de)	**экономист**	[ɛkɔnɔmist]
uitvinder (de)	**кхоллархо**	[qɔl:arhɔ]
werkloze (de)	**белхазхо**	[belhazho]
gepensioneerde (de)	**пенсионер**	[pensiɔner]
spion (de)	**шпион**	[ʃpiɔn]
gedetineerde (de)	**лаьцна стаг**	[lætsna stag]
staker (de)	**забастовкахо**	[zabastɔvkaho]
bureaucraat (de)	**бюрократ**	[byrɔkrat]
reiziger (de)	**некъахо**	[neqhaho]
homoseksueel (de)	**гомосексуализмхо**	[gɔmɔseksualizmho]
hacker (computerkraker)	**хакер**	[haker]
bandiet (de)	**талорхо**	[talɔrhɔ]
huurmoordenaar (de)	**йолах дийнарг**	[jolah di:narg]
drugsverslaafde (de)	**наркоман**	[narkɔman]
drugshandelaar (de)	**наркотикаш йохкархо**	[narkɔtikaʃ johkarhɔ]
prostituee (de)	**кхахьпа**	[qahpa]
pooier (de)	**сутенёр**	[sutenɜr]
tovenaar (de)	**холмачхо**	[holmatʃho]
tovenares (de)	**холмачхо**	[holmatʃho]
piraat (de)	**пират**	[pirat]
slaaf (de)	**лай**	[laj]
samoerai (de)	**самурай**	[samuraj]
wilde (de)	**акха адам**	[aqa adam]

Sport

113. Soorten sporten. Sporters

sportman (de)	**спортхо**	[spɔrtho]
soort sport (de/het)	**спортан кеп**	[spɔrtan kep]
basketbal (het)	**баскетбол**	[basketbɔl]
basketbalspeler (de)	**баскетболхо**	[basketbɔlho]
baseball (het)	**бейсбол**	[bejsbɔl]
baseballspeler (de)	**бейсболхо**	[bejsbɔlho]
voetbal (het)	**футбол**	[futbɔl]
voetballer (de)	**футболхо**	[futbɔlho]
doelman (de)	**кевнахо**	[kevnaho]
hockey (het)	**хоккей**	[hok:ej]
hockeyspeler (de)	**хоккейхо**	[hok:ejho]
volleybal (het)	**волейбол**	[vɔlejbɔl]
volleybalspeler (de)	**волейболхо**	[vɔlejbɔlho]
boksen (het)	**бокс**	[bɔks]
bokser (de)	**боксёр**	[bɔksɜr]
worstelen (het)	**латар**	[latar]
worstelaar (de)	**латархо**	[latarhɔ]
karate (de)	**карате**	[karate]
karateka (de)	**каратист**	[karatist]
judo (de)	**дзюдо**	[ʤydɔ]
judoka (de)	**дзюдоист**	[ʤydɔist]
tennis (het)	**теннис**	[teŋis]
tennisspeler (de)	**теннисхо**	[teŋisho]
zwemmen (het)	**нека**	[neka]
zwemmer (de)	**неканча**	[nekanʧa]
schermen (het)	**фехтовани**	[fehtɔvani]
schermer (de)	**фехтовальщик**	[fehtɔvaʎɕik]
schaak (het)	**шахматаш**	[ʃahmataʃ]
schaker (de)	**шахматхо**	[ʃahmatho]
alpinisme (het)	**альпинизм**	[aʎpinizm]
alpinist (de)	**альпинист**	[aʎpinist]
hardlopen (het)	**дадар**	[dadar]

renner (de)	**идархо**	[idarhɔ]
atletiek (de)	**яйн атлетика**	[jajn atletika]
atleet (de)	**атлет**	[atlet]
paardensport (de)	**говрийн спорт**	[gɔvri:n spɔrt]
ruiter (de)	**бере**	[bere]
kunstschaatsen (het)	**куьцара хехкар**	[kyʦara hehkar]
kunstschaatser (de)	**фигурахо**	[figuraho]
kunstschaatsster (de)	**фигурахо**	[figuraho]
gewichtheffen (het)	**еза атлетика**	[eza atletika]
autoraces (mv.)	**автомобилаш хахкар**	[avtɔmɔbilaʃ hahkar]
coureur (de)	**хахкархо**	[hahkarhɔ]
wielersport (de)	**вилиспетан спорт**	[wilispetan spɔrt]
wielrenner (de)	**вилиспетхо**	[wilispetho]
verspringen (het)	**дохалла кхийссаваларш**	[dɔhal:a qi:s:avalarʃ]
polsstokspringen (het)	**хьокханца кхоссавалар**	[hɔqanʦa qɔs:avalar]
verspringer (de)	**кхоссавалархо**	[qɔs:avalarhɔ]

114. Soorten sporten. Diversen

Amerikaans voetbal (het)	**американ футбол**	[amerikin futbɔl]
badminton (het)	**бадминтон**	[badmintɔn]
biatlon (de)	**биатлон**	[biatlɔn]
biljart (het)	**биллиард**	[bil:iard]
bobsleeën (het)	**бобслей**	[bɔbslej]
bodybuilding (de)	**бодибилдинг**	[bɔdibildiŋ]
waterpolo (het)	**хин поло**	[hin pɔlɔ]
handbal (de)	**гандбол**	[gandbɔl]
golf (het)	**гольф**	[gɔʎf]
roeisport (de)	**пийсиг хьакхар**	[pi:sig haqar]
duiken (het)	**дайвинг**	[dajwiŋ]
langlaufen (het)	**лыжийн хахкар**	[lɪʒi:n hahkar]
tafeltennis (het)	**стоьлан тенис**	[stølan tenis]
zeilen (het)	**гатанан спорт**	[gatanan spɔrt]
rally (de)	**ралли**	[ral:i]
rugby (het)	**регби**	[regbi]
snowboarden (het)	**сноуборд**	[snɔubɔrd]
boogschieten (het)	**секхlад кхоссар**	[sekhad qɔs:ar]

115. Fitnessruimte

lange halter (de)	**штанга**	[ʃtaŋa]
halters (mv.)	**гантелаш**	[gantelaʃ]
training machine (de)	**тренажёр**	[trenaʒɜr]
hometrainer (de)	**вилиспетан тренажёр**	[wilispetan trenaʒɜr]

loopband (de)	**бовду некъ**	[bɔvdu neqh]
rekstok (de)	**васхал**	[vashal]
brug (de) gelijke leggers	**брусаш**	[brusaʃ]
paardsprong (de)	**конь**	[kɔɲ]
mat (de)	**мат**	[mat]
aerobics (de)	**аэробика**	[aərɔbika]
yoga (de)	**йогалла**	[jogal:a]

116. Sporten. Diversen

Olympische Spelen (mv.)	**олимпан ловзараш**	[ɔlimpan lɔvzaraʃ]
winnaar (de)	**толамхо**	[tɔlamho]
overwinnen (ww)	**эшо**	[ɛʃɔ]
winnen (ww)	**тола**	[tɔla]
leider (de)	**лидер**	[lider]
leiden (ww)	**лидер хила**	[lider hila]
eerste plaats (de)	**хьалхара меттиг**	[halhara met:ig]
tweede plaats (de)	**шолгIа меттиг**	[ʃɔlɣa met:ig]
derde plaats (de)	**кхоалгIа меттиг**	[qɔalɣa met:ig]
medaille (de)	**мидал**	[midal]
trofee (de)	**хIонс**	[hɔns]
beker (de)	**кубок**	[kubɔk]
prijs (de)	**совгIат**	[sɔvɣat]
hoofdprijs (de)	**коьрта совгIат**	[kørta sɔvɣat]
record (het)	**рекорд**	[rekɔrd]
een record breken	**рекорд хIотто**	[rekɔrd hɔt:ɔ]
finale (de)	**финал**	[final]
finale (bn)	**финалан**	[finalan]
kampioen (de)	**тоьлларг**	[tøl:arg]
kampioenschap (het)	**чемпионат**	[ʧempiɔnat]
stadion (het)	**стадион**	[stadiɔn]
tribune (de)	**трибуна**	[tribuna]
fan, supporter (de)	**фан, хьажархо**	[fan], [haʒarhɔ]
tegenstander (de)	**мостагI**	[mɔstaɣ]
start (de)	**старт**	[start]
finish (de)	**финиш**	[finiʃ]
nederlaag (de)	**эшор**	[ɛʃɔr]
verliezen (ww)	**эша**	[ɛʃa]
rechter (de)	**суьдхо**	[sydho]
jury (de)	**жюри**	[ʒyri]
stand (~ is 3-1)	**счёт**	[sʧɔt]
gelijkspel (het)	**ничья**	[niʧja]
in gelijk spel eindigen	**ничьях ловза**	[niʧjah lɔvza]

punt (het)	**очко**	[ɔʧkɔ]
uitslag (de)	**хилам**	[hilɑm]
pauze (de)	**садаlар**	[sɑdɑəɑr]
doping (de)	**допинг**	[dɔpiŋ]
straffen (ww)	**гlуда тоха**	[ɣudɑ tɔha]
diskwalificeren (ww)	**дисквалификаци ян**	[diskvɑlifikɑʦi jɑn]
toestel (het)	**гlирс**	[ɣirs]
speer (de)	**гоьмукъ**	[gømuqh]
kogel (de)	**хlоъ**	[hɔ]
bal (de)	**горгал**	[gɔrgɑl]
doel (het)	**lалашо**	[əɑlɑʃɔ]
schietkaart (de)	**гlакх**	[ɣɑq]
schieten (ww)	**кхийса**	[qi:sɑ]
precies (bijv. precieze schot)	**нийса**	[ni:sɑ]
trainer, coach (de)	**тренер**	[trener]
trainen (ww)	**lамо**	[əɑmɔ]
zich trainen (ww)	**lама**	[əɑmɑ]
training (de)	**lамор**	[əɑmɔr]
gymnastiekzaal (de)	**спортзал**	[spɔrtzɑl]
oefening (de)	**упражнени**	[uprɑʒneni]
opwarming (de)	**дегl хецадалийтар**	[deɣ heʦɑdɑli:tɑr]

Onderwijs

117. School

school (de)	**школа**	[ʃkɔla]
schooldirecteur (de)	**директор**	[direktɔr]
leerling (de)	**дешархо**	[deʃarhɔ]
leerlinge (de)	**дешархо**	[deʃarhɔ]
scholier (de)	**школахо**	[ʃkɔlaho]
scholiere (de)	**школахо**	[ʃkɔlaho]
leren (lesgeven)	**хьеха**	[heha]
studeren (bijv. een taal ~)	**Іамо**	[əamɔ]
van buiten leren	**дагахь Іамо**	[dagah əamɔ]
leren (bijv. ~ tellen)	**Іама**	[əama]
in school zijn (schooljongen zijn)	**Іама**	[əama]
naar school gaan	**школе ваха**	[ʃkɔle vaha]
alfabet (het)	**абат**	[abat]
vak (schoolvak)	**предмет**	[predmet]
klaslokaal (het)	**класс**	[klas:]
les (de)	**урок**	[urɔk]
bel (de)	**горгали**	[gɔrgali]
schooltafel (de)	**парта**	[parta]
schoolbord (het)	**классан у**	[klas:an u]
cijfer (het)	**отметка**	[ɔtmetka]
goed cijfer (het)	**дика отметка**	[dika ɔtmetka]
slecht cijfer (het)	**вон отметка**	[vɔn ɔtmetka]
een cijfer geven	**отметка хIотто**	[ɔtmetka hɔt:ɔ]
fout (de)	**гIалат**	[ɣalat]
fouten maken	**гIалат дан**	[ɣalat dan]
corrigeren (fouten ~)	**нисдан**	[nisdan]
spiekbriefje (het)	**шпаргалка**	[ʃpargalka]
huiswerk (het)	**цIера тIедиллар**	[ʦhera thedil:ar]
oefening (de)	**упражнени**	[upraʒneni]
aanwezig zijn (ww)	**хила**	[hila]
absent zijn (ww)	**ца хила**	[ʦa hila]
bestraffen (een stout kind ~)	**таIзар дан**	[taəzar dan]
bestraffing (de)	**таIзар**	[taəzar]

gedrag (het)	лелар	[lelɑr]
cijferlijst (de)	дневник	[dnevnik]
potlood (het)	къолам	[qhɔlɑm]
gom (de)	лаьстиг	[læstig]
krijt (het)	мел	[mel]
pennendoos (de)	гӏутакх	[ɣutɑq]

boekentas (de)	портфель	[pɔrtfeʎ]
pen (de)	ручка	[ruʧkɑ]
schrift (de)	тетрадь	[tetradʲ]
leerboek (het)	учебник	[uʧebnik]
passer (de)	циркуль	[ʦirkuʎ]

| technisch tekenen (ww) | дилла | [dil:ɑ] |
| technische tekening (de) | чертёж | [ʧertɜʒ] |

gedicht (het)	байт	[bɑjt]
van buiten (bw)	дагахь	[dɑgɑh]
van buiten leren	дагахь lамо	[dɑgɑh əɑmɔ]

| vakantie (de) | каникулаш | [kɑnikulɑʃ] |
| met vakantie zijn | каникулашт хилар | [kɑnikulɑʃt hilɑr] |

toets (schriftelijke ~)	талламан болх	[tɑl:ɑmɑn bɔlh]
opstel (het)	сочинени	[sɔʧineni]
dictee (het)	диктант	[diktɑnt]
examen (het)	экзамен	[ɛkzɑmen]
examen afleggen	экзамен дӏаялар	[ɛkzɑmen dəɑjɑlɑr]
experiment (het)	гӏулч	[ɣulʧ]

118. Hogeschool. Universiteit

academie (de)	академи	[ɑkɑdemi]
universiteit (de)	университет	[uniwersitet]
faculteit (de)	факультет	[fɑkuʎtet]

student (de)	студент	[student]
studente (de)	студентка	[studentkɑ]
leraar (de)	хьехархо	[heharhɔ]

| collegezaal (de) | аудитори | [ɑuditɔri] |
| afgestudeerde (de) | дешна ваьлларг | [deʃnɑ væl:ɑrg] |

| diploma (het) | диплом | [diplɔm] |
| dissertatie (de) | диссертаци | [dis:ertɑtsi] |

| onderzoek (het) | таллар | [tɑl:ɑr] |
| laboratorium (het) | лаборатори | [lɑbɔrɑtɔri] |

| college (het) | лекци | [lektsi] |
| medestudent (de) | курсахо | [kursɑhɔ] |

| studiebeurs (de) | стипенди | [stipendi] |
| academische graad (de) | lилманан дарж | [əilmɑnɑn dɑrʒ] |

119. Wetenschappen. Disciplines

wiskunde (de)	**математика**	[matematika]
algebra (de)	**алгебра**	[algebra]
meetkunde (de)	**геометри**	[geɔmetri]
astronomie (de)	**астрономи**	[astrɔnɔmi]
biologie (de)	**биологи**	[biɔlɔgi]
geografie (de)	**географи**	[geɔgrafi]
geologie (de)	**геологи**	[geɔlɔgi]
geschiedenis (de)	**истори**	[istɔri]
geneeskunde (de)	**медицина**	[meditsina]
pedagogiek (de)	**педагогика**	[pedagɔgika]
rechten (mv.)	**бакъо**	[baqhɔ]
fysica, natuurkunde (de)	**физика**	[fizika]
scheikunde (de)	**хими**	[himi]
filosofie (de)	**философи**	[filɔsɔfi]
psychologie (de)	**психологи**	[psiholɔgi]

120. Schrift. Spelling

grammatica (de)	**грамматика**	[gram:atika]
vocabulaire (het)	**лексика**	[leksika]
fonetiek (de)	**фонетика**	[fɔnetika]
zelfstandig naamwoord (het)	**цIердош**	[tsherdɔʃ]
bijvoeglijk naamwoord (het)	**билгалдош**	[bilgaldɔʃ]
werkwoord (het)	**хандош**	[handɔʃ]
bijwoord (het)	**куцдош**	[kutsdɔʃ]
voornaamwoord (het)	**цIерметдош**	[tshermetdɔʃ]
tussenwerpsel (het)	**айдардош**	[ajdardɔʃ]
voorzetsel (het)	**предлог**	[predlɔg]
stam (de)	**дешан орам**	[deʃan ɔram]
achtervoegsel (het)	**чаккхе**	[ʧak:e]
voorvoegsel (het)	**дешхьалхе**	[deʃhalhe]
lettergreep (de)	**дешдакъа**	[deʃdaqha]
achtervoegsel (het)	**суффикс**	[suf:iks]
nadruk (de)	**тохар**	[tɔhar]
afkappingsteken (het)	**апостроф**	[apɔstrɔf]
punt (de)	**тIадам**	[thadam]
komma (de/het)	**цIоьмалг**	[tshømalg]
puntkomma (de)	**тIадамца цIоьмалг**	[thadamtsa tshømalg]
dubbelpunt (de)	**ши тIадам**	[ʃi thadam]
beletselteken (het)	**тIадамаш**	[thadamaʃ]
vraagteken (het)	**хаттаран хьаьрк**	[hat:aran hærk]
uitroepteken (het)	**айдаран хьаьрк**	[ajdaran hærk]

aanhalingstekens (mv.)	**кавычкаш**	[kavɪʧkaʃ]
tussen aanhalingstekens (bw)	**кавычкаш юккъе**	[kavɪʧkaʃ jukqhe]
haakjes (mv.)	**къовларш**	[qhɔvlarʃ]
tussen haakjes (bw)	**къовларш юккъе**	[qhɔvlarʃ jukqhe]
streepje (het)	**сизалг**	[sizalg]
gedachtestreepje (het)	**тиз**	[tiz]
spatie (~ tussen twee woorden)	**юкъ**	[juqh]
letter (de)	**элп**	[ɛlp]
hoofdletter (de)	**доккха элп**	[dɔk:a ɛlp]
klinker (de)	**мукъа аз**	[muqha az]
medeklinker (de)	**мукъаза аз**	[muqhaza az]
zin (de)	**предложени**	[predlɔʒeni]
onderwerp (het)	**подлежащи**	[pɔdleʒaɕi]
gezegde (het)	**сказуеми**	[skazuemi]
regel (in een tekst)	**моrla**	[mɔɣa]
op een nieuwe regel (bw)	**керлачу моrlарера**	[kerlaʧu mɔɣarera]
alinea (de)	**абзац**	[abzats]
woord (het)	**дош**	[dɔʃ]
woordgroep (de)	**дешнийн цхьаьнакхетар**	[deʃni:n tshænaqetar]
uitdrukking (de)	**алар**	[alar]
synoniem (het)	**синоним**	[sinɔnim]
antoniem (het)	**антоним**	[antɔnim]
regel (de)	**бакъо**	[baqhɔ]
uitzondering (de)	**юкъарадаккхар**	[juqharadak:ar]
correct (bijv. ~e spelling)	**нийса**	[ni:sa]
vervoeging, conjugatie (de)	**хийцар**	[hi:tsar]
verbuiging, declinatie (de)	**легар**	[legar]
naamval (de)	**дожар**	[dɔʒar]
vraag (de)	**хаттар**	[hat:ar]
onderstrepen (ww)	**билгалдаккха**	[bilgaldak:a]
stippellijn (de)	**пунктир**	[puŋktir]

121. Vreemde talen

taal (de)	**мотт**	[mɔt:]
vreemde taal (de)	**кхечу мехкийн мотт**	[qeʧu mehki:n mɔt:]
leren (bijv. van buiten ~)	**Iамо**	[əamɔ]
studeren (Nederlands ~)	**Iамо**	[əamɔ]
lezen (ww)	**еша**	[eʃa]
spreken (ww)	**дийца**	[di:tsa]
begrijpen (ww)	**кхета**	[qeta]
schrijven (ww)	**яздан**	[jazdan]
snel (bw)	**сиха**	[siha]
langzaam (bw)	**меллаша**	[mel:aʃa]

vloeiend (bw)	**парглат**	[parɣat]
regels (mv.)	**бакъонаш**	[baqhɔnaʃ]
grammatica (de)	**грамматика**	[gram:atika]
vocabulaire (het)	**лексика**	[leksika]
fonetiek (de)	**фонетика**	[fɔnetika]
leerboek (het)	**учебник**	[utʃebnik]
woordenboek (het)	**дошам, словарь**	[dɔʃam], [slɔvarʲ]
leerboek (het) voor zelfstudie	**Іамалург**	[əamalurg]
taalgids (de)	**къамелІаморг**	[qhameləamɔrg]
cassette (de)	**кассета**	[kas:eta]
videocassette (de)	**видеокассета**	[wideɔkas:eta]
CD (de)	**CD**	[sidi]
DVD (de)	**DVD**	[diwidi]
alfabet (het)	**алфавит**	[alfawit]
spellen (ww)	**элпашц мотт бийца**	[ɛlpaʃts mɔt: bi:tsa]
uitspraak (de)	**алар**	[alar]
accent (het)	**акцент**	[aktsent]
met een accent (bw)	**акцент**	[aktsent]
zonder accent (bw)	**акцент ца хила**	[aktsent tsa hila]
woord (het)	**дош**	[dɔʃ]
betekenis (de)	**маьІна**	[mæəna]
cursus (de)	**курсаш**	[kursaʃ]
zich inschrijven (ww)	**дІаяздала**	[dəajazdala]
leraar (de)	**хьехархо**	[heharhɔ]
vertaling (een ~ maken)	**дахьийтар**	[dahi:tar]
vertaling (tekst)	**гоч дар**	[gɔtʃ dar]
vertaler (de)	**талмаж**	[talmaʒ]
tolk (de)	**талмаж**	[talmaʒ]
polyglot (de)	**полиглот**	[pɔliglɔt]
geheugen (het)	**эс**	[ɛs]

122. Sprookjesfiguren

Sinterklaas (de)	**Санта Клаус**	[santa klaus]
zeemeermin (de)	**хи-аьзни**	[hi æzni]
magiër, tovenaar (de)	**бозбуунча**	[bɔzbu:ntʃa]
goede heks (de)	**бозбуунча**	[bɔzbu:ntʃa]
magisch (bn)	**бозбуунчаллин**	[bɔzbu:ntʃal:in]
toverstokje (het)	**шайтІанан гІаж**	[ʃajthanan ɣaʒ]
sprookje (het)	**туьйра**	[tyjra]
wonder (het)	**Іаламат**	[əalamat]
dwerg (de)	**буьйдолг**	[byjdɔlg]
veranderen in ... (anders worden)	**дерза**	[derza]

geest (de)	**гIаларт**	[ɣalart]
spook (het)	**бIарлагIа**	[bəarlaɣa]
monster (het)	**Iаламат**	[əalamat]
draak (de)	**саьрмик**	[særmik]
reus (de)	**дIуьтIа**	[dəytha]

123. Dierenriem

Ram (de)	**Овен**	[ɔwen]
Stier (de)	**Телец**	[teleʦ]
Tweelingen (mv.)	**Близнецы**	[bliznеʦı]
Kreeft (de)	**Рак**	[rak]
Leeuw (de)	**Лев**	[lev]
Maagd (de)	**Дева**	[deva]
Weegschaal (de)	**Весы**	[wesı]
Schorpioen (de)	**Скорпион**	[skɔrpiɔn]
Boogschutter (de)	**Стрелец**	[streleʦ]
Steenbok (de)	**Козерог**	[kɔzerɔg]
Waterman (de)	**Водолей**	[vɔdɔlej]
Vissen (mv.)	**Рыбы**	[rıbı]
karakter (het)	**амал**	[amal]
karaktertrekken (mv.)	**амаллин башхала**	[amal:in baʃhala]
gedrag (het)	**лелар**	[lelar]
waarzeggen (ww)	**пал тийса**	[pal ti:sa]
waarzegster (de)	**палтуьйсург**	[paltyjsurg]
horoscoop (de)	**гороскоп**	[gɔrɔskɔp]

Kunst

124. Theater

theater (het)	**театр**	[teatr]
opera (de)	**опера**	[ɔpera]
operette (de)	**оперетта**	[ɔperet:a]
ballet (het)	**балет**	[balet]
affiche (de/het)	**афиша**	[afiʃa]
theatergezelschap (het)	**труппа**	[trup:a]
tournee (de)	**гастролаш**	[gastrɔlaʃ]
op tournee zijn	**гастролаш яла**	[gastrɔlaʃ jala]
repeteren (ww)	**репетици ян**	[repetitsi jan]
repetitie (de)	**репетици**	[repetitsi]
repertoire (het)	**репертуар**	[repertuar]
voorstelling (de)	**хьожийла**	[hɔʒi:la]
spektakel (het)	**спектакль**	[spektakʎ]
toneelstuk (het)	**пьеса**	[pjesa]
biljet (het)	**билет**	[bilet]
kassa (de)	**билетан касса**	[biletan kas:a]
foyer (de)	**чоь**	[ʧø]
garderobe (de)	**гардероб**	[garderɔb]
garderobe nummer (het)	**номер**	[nɔmer]
verrekijker (de)	**турмал**	[turmal]
plaatsaanwijzer (de)	**контролёр**	[kɔntrɔlɜr]
parterre (de)	**партер**	[parter]
balkon (het)	**балкон**	[balkɔn]
gouden rang (de)	**бельэтаж**	[beʎʲætaʒ]
loge (de)	**ложа**	[lɔʒa]
rij (de)	**моrIa**	[mɔɣa]
plaats (de)	**меттиг**	[met:ig]
publiek (het)	**гулбелларш**	[gulbel:arʃ]
kijker (de)	**хьажархо**	[haʒarhɔ]
klappen (ww)	**тIараш детта**	[tharaʃ det:a]
applaus (het)	**аплодисменташ**	[aplɔdismentaʃ]
ovatie (de)	**оваци**	[ɔvatsi]
toneel (op het ~ staan)	**сцена**	[stsena]
gordijn, doek (het)	**кирхьа**	[kirha]
toneeldecor (het)	**декорации**	[dekɔratsi]
backstage (de)	**кулисаш**	[kulisaʃ]
scène (de)	**сурт**	[surt]
bedrijf (het)	**дакъа**	[daqha]
pauze (de)	**антракт**	[antrakt]

125. Bioscoop

acteur (de)	**актёр**	[aktɜr]
actrice (de)	**актриса**	[aktrisa]
bioscoop (de)	**кино**	[kinɔ]
aflevering (de)	**сери**	[seri]
detectivefilm (de)	**детектив**	[detektiv]
actiefilm (de)	**боевик**	[bɔewik]
avonturenfilm (de)	**хиллачеран фильм**	[hil:aʧeran fiʎm]
sciencefictionfilm (de)	**фонтазин фильм**	[fɔntazin fiʎm]
griezelfilm (de)	**къематин фильм**	[qhematin fiʎm]
komedie (de)	**кинокомеди**	[kinɔkɔmedi]
melodrama (het)	**мелодрама**	[melɔdrama]
drama (het)	**драма**	[drama]
speelfilm (de)	**исбаьхьаллин фильм**	[isbæhal:in fiʎm]
documentaire (de)	**бакъдолчуна тlера фильм**	[baqhdɔlʧuna thera fiʎm]
tekenfilm (de)	**мультфильм**	[muʎtfiʎm]
stomme film (de)	**аз доцу кино**	[az dɔʦu kinɔ]
rol (de)	**роль**	[rɔʎ]
hoofdrol (de)	**коьрта роль**	[kørta rɔʎ]
spelen (ww)	**лело**	[lelɔ]
filmster (de)	**кинозвезда**	[kinɔzwezda]
bekend (bn)	**гlарадаьлла**	[ɣaradæl:a]
beroemd (bn)	**гlарадаьлла**	[ɣaradæl:a]
populair (bn)	**гlраваьлла**	[ɣravæl:a]
scenario (het)	**сценари**	[sʦenari]
scenarioschrijver (de)	**сценарихо**	[sʦenariho]
regisseur (de)	**режиссёр**	[reʒis:ɜr]
filmproducent (de)	**продюсер**	[prɔdyser]
assistent (de)	**ассистент**	[as:istent]
cameraman (de)	**оператор**	[ɔperatɔr]
stuntman (de)	**каскадёр**	[kaskadɜr]
een film maken	**фильм яккха**	[fiʎm jak:a]
auditie (de)	**хьажар**	[haʒar]
opnamen (mv.)	**яккхар**	[jak:ar]
filmploeg (de)	**кино йоккху группа**	[kinɔ jok:u grup:a]
filmset (de)	**кино йоккху майда**	[kinɔ jok:u majda]
filmcamera (de)	**кинокамера**	[kinɔkamera]
bioscoop (de)	**кинотеатр**	[kinɔteatr]
scherm (het)	**экран**	[ɛkran]
een film vertonen	**фильм гайта**	[fiʎm gajta]
geluidsspoor (de)	**аьзнийн дорожк**	[æzni:n dɔrɔʒk]
speciale effecten (mv.)	**леррина эффекташ**	[ler:ina ɛf:ektaʃ]
ondertiteling (de)	**субтитраш**	[subtitraʃ]
voortiteling, aftiteling (de)	**титраш**	[titraʃ]
vertaling (de)	**гоч дар**	[gɔʧ dar]

126. Schilderij

kunst (de)	**исбаьхьалла**	[isbæhal:a]
schone kunsten (mv.)	**исбаьхьаллин говзалла**	[isbæhal:in gɔvzal:a]
kunstgalerie (de)	**галерей**	[galerej]
kunsttentoonstelling (de)	**сурташ гайтар**	[surtaʃ gajtar]
schilderkunst (de)	**суьрташ дахкар**	[syrtaʃ dahkar]
grafiek (de)	**графика**	[grafika]
abstracte kunst (de)	**абстракционизм**	[abstraktsiɔnizm]
impressionisme (het)	**импрессионизм**	[impres:iɔnizm]
schilderij (het)	**суьрт**	[syrt]
tekening (de)	**сурт**	[surt]
poster (de)	**плакат**	[plakat]
illustratie (de)	**иллюстраци**	[il:ystratsi]
miniatuur (de)	**миниатюра**	[miniatyra]
kopie (de)	**копи**	[kɔpi]
reproductie (de)	**репродукци**	[reprɔduktsi]
mozaïek (het)	**мозаика**	[mɔzaika]
gebrandschilderd glas (het)	**витраж**	[witraʒ]
fresco (het)	**фреска**	[freska]
gravure (de)	**огана**	[ɔgana]
buste (de)	**бюст**	[byst]
beeldhouwwerk (het)	**скульптура**	[skuʎptura]
beeld (bronzen ~)	**статуя**	[statuja]
gips (het)	**гипс**	[gips]
gipsen (bn)	**гипсехь**	[gipseh]
portret (het)	**портрет**	[pɔrtret]
zelfportret (het)	**автопортрет**	[avtɔpɔrtret]
landschap (het)	**сурт**	[surt]
stilleven (het)	**натюрморт**	[natyrmɔrt]
karikatuur (de)	**карикатура**	[karikatura]
schets (de)	**сурт**	[surt]
verf (de)	**басар**	[basar]
aquarel (de)	**акварель**	[akvareʎ]
olieverf (de)	**даьтта**	[dæt:a]
potlood (het)	**къолам**	[qhɔlam]
Oostindische inkt (de)	**шекъа**	[ʃəqha]
houtskool (de)	**кlора**	[k:ɔra]
tekenen (met krijt)	**сурт дилла**	[surt dil:a]
poseren (ww)	**позе хlотта**	[pɔze hɔt:a]
naaktmodel (man)	**натурахо**	[naturaho]
naaktmodel (vrouw)	**натурахо**	[naturaho]
kunstenaar (de)	**исбаьхьалча**	[isbæhaltʃa]
kunstwerk (het)	**произведени**	[prɔizwedeni]
meesterwerk (het)	**шедевр**	[ʃədevr]
studio, werkruimte (de)	**пхьалгlа**	[phalɣa]

schildersdoek (het)	**гата**	[gata]
schildersezel (de)	**мольберт**	[mɔʎbert]
palet (het)	**палитра**	[palitra]
lijst (een vergulde ~)	**гур**	[gur]
restauratie (de)	**реставраци**	[restavraʦi]
restaureren (ww)	**реставраци ян**	[restavraʦi jan]

127. Literatuur & Poëzie

literatuur (de)	**литература**	[literatura]
auteur (de)	**автор**	[avtɔr]
pseudoniem (het)	**псевдоним**	[psevdɔnim]
boek (het)	**книшка**	[kniʃka]
boekdeel (het)	**том**	[tɔm]
inhoudsopgave (de)	**чулацам**	[ʧulaʦam]
pagina (de)	**агlо**	[aɣɔ]
hoofdpersoon (de)	**коьрта турпалхо**	[kørta turpalho]
handtekening (de)	**автограф**	[avtɔgraf]
verhaal (het)	**дийцар**	[di:ʦar]
novelle (de)	**повесть**	[pɔwestʲ]
roman (de)	**роман**	[rɔman]
werk (literatuur)	**сочинени**	[sɔʧineni]
fabel (de)	**басни**	[basni]
detectiveroman (de)	**детектив**	[detektiv]
gedicht (het)	**байт**	[bajt]
poëzie (de)	**поэзи**	[pɔɛzi]
epos (het)	**поэма**	[pɔɛma]
dichter (de)	**илланча**	[il:anʧa]
fictie (de)	**беллетристика**	[bel:etristika]
sciencefiction (de)	**Iилманан фантастика**	[əilmanan fantastika]
avonturenroman (de)	**хилларг**	[hil:arg]
opvoedkundige literatuur (de)	**дешаран литература**	[deʃaran literatura]
kinderliteratuur (de)	**берийн литература**	[beri:n literatura]

128. Circus

circus (de/het)	**цирк**	[ʦirk]
chapiteau circus (de/het)	**цирк-шапито**	[ʦirk ʃapitɔ]
programma (het)	**программа**	[prɔgram:a]
voorstelling (de)	**хьожийла**	[hɔʒi:la]
nummer (circus ~)	**номер**	[nɔmer]
arena (de)	**майда**	[majda]
pantomime (de)	**пантомима**	[pantɔmima]
clown (de)	**жухарг**	[ʒuharg]
acrobaat (de)	**пелхьо**	[pelhɔ]

acrobatiek (de)	**пелхьолла**	[pelhɔl:ɑ]
gymnast (de)	**гимнастхо**	[gimnɑstho]
gymnastiek (de)	**гимнастика**	[gimnɑstikɑ]
salto (de)	**сальто**	[sɑʎtɔ]
sterke man (de)	**атлет**	[ɑtlet]
temmer (de)	**караlаморхо**	[kɑrɑəɑmɔrhɔ]
ruiter (de)	**бере**	[bere]
assistent (de)	**ассистент**	[ɑs:istent]
stunt (de)	**трюк**	[tryk]
goocheltruc (de)	**бозбуунчалла**	[bɔzbu:nʧɑl:ɑ]
goochelaar (de)	**бозбуунча**	[bɔzbu:nʧɑ]
jongleur (de)	**жонглёр**	[ʒɔŋlɜr]
jongleren (ww)	**жонглировать дан**	[ʒɔŋlirɔvatʲ dɑn]
dierentrainer (de)	**караlаморг**	[kɑrɑəɑmɔrg]
dressuur (de)	**караlамор**	[kɑrɑəɑmɔr]
dresseren (ww)	**караlамо**	[kɑrɑəɑmɔ]

129. Muziek. Popmuziek

muziek (de)	**музыка**	[muzıkɑ]
muzikant (de)	**музыкант**	[muzıkɑnt]
muziekinstrument (het)	**музыкин гlирс**	[muzıkin ɣirs]
spelen (bijv. gitaar ~)	**лакха**	[lɑqɑ]
gitaar (de)	**гитара**	[gitɑrɑ]
viool (de)	**чlондарг**	[ʧhɔndɑrg]
cello (de)	**виолончель**	[wiɔlɔnʧeʎ]
contrabas (de)	**контрабас**	[kɔntrɑbɑs]
harp (de)	**арфа**	[ɑrfɑ]
piano (de)	**пианино**	[piɑninɔ]
vleugel (de)	**рояль**	[rɔjɑʎ]
orgel (het)	**орган**	[ɔrgɑn]
blaasinstrumenten (mv.)	**зурманийн гlирсаш**	[zurmɑni:n ɣirsɑʃ]
hobo (de)	**гобой**	[gɔbɔj]
saxofoon (de)	**саксофон**	[sɑksɔfɔn]
klarinet (de)	**кларнет**	[klɑrnet]
fluit (de)	**флейта**	[flejtɑ]
trompet (de)	**зурма**	[zurmɑ]
accordeon (de/het)	**кехатпондар**	[kehɑtpɔndɑr]
trommel (de)	**вота**	[vɔtɑ]
duet (het)	**дуэт**	[duɛt]
trio (het)	**трио**	[triɔ]
kwartet (het)	**квартет**	[kvɑrtet]
koor (het)	**хор**	[hɔr]
orkest (het)	**оркестр**	[ɔrkestr]
popmuziek (de)	**рок-музыка**	[rɔk muzıkɑ]
rockmuziek (de)	**рок-музыка**	[rɔk muzıkɑ]

rockgroep (de)	**рок-группа**	[rɔk grup:ɑ]
jazz (de)	**джаз**	[ʤɑz]
idool (het)	**цIу**	[ʦhu]
bewonderaar (de)	**ларамхо**	[lɑrɑmho]
concert (het)	**концерт**	[kɔnʦert]
symfonie (de)	**симфони**	[simfɔni]
compositie (de)	**сочинени**	[sɔʧineni]
componeren (muziek ~)	**кхолла**	[qɔl:ɑ]
zang (de)	**лакхар**	[lɑqɑr]
lied (het)	**илли**	[il:i]
melodie (de)	**мукъам**	[muqhɑm]
ritme (het)	**ритм**	[ritm]
blues (de)	**блюз**	[blyz]
bladmuziek (de)	**ноташ**	[nɔtɑʃ]
dirigeerstok (baton)	**гIаж**	[ɣɑʒ]
strijkstok (de)	**чIондаргIа**	[ʧhɔndɑrɣɑ]
snaar (de)	**мерз**	[merz]
koffer (de)	**ботт**	[bɔt:]

Rusten. Entertainment. Reizen

130. Trip. Reizen

toerisme (het)	**туризм**	[turizm]
toerist (de)	**турист**	[turist]
reis (de)	**араваьлла лелар**	[aravæl:a lelar]
avontuur (het)	**хилларг**	[hil:arg]
tocht (de)	**дахар**	[dahar]
vakantie (de)	**отпуск**	[ɔtpusk]
met vakantie zijn	**отпускехь хилар**	[ɔtpuskeh hilar]
rust (de)	**садаlар**	[sadaəar]
trein (de)	**цlерпошт**	[ʦherpɔʃt]
met de trein	**цlерпоштахь**	[ʦherpɔʃtah]
vliegtuig (het)	**кема**	[kema]
met het vliegtuig	**кеманца**	[kemanʦa]
met de auto	**машина тlехь**	[maʃina theh]
per schip (bw)	**кеманца**	[kemanʦa]
bagage (de)	**кира**	[kira]
valies (de)	**чамда**	[ʧamda]
bagagekarretje (het)	**киран гlудакх**	[kiran ɣudaq]
paspoort (het)	**паспорт**	[paspɔrt]
visum (het)	**виза**	[wiza]
kaartje (het)	**билет**	[bilet]
vliegticket (het)	**авиабилет**	[awiabilet]
reisgids (de)	**некъгойтург**	[neqhgɔjturg]
kaart (de)	**карта**	[karta]
gebied (landelijk ~)	**меттиг**	[met:ig]
plaats (de)	**меттиг**	[met:ig]
exotische bestemming (de)	**экзотика**	[ɛkzɔtika]
exotisch (bn)	**экзотикин**	[ɛkzɔtikin]
verwonderlijk (bn)	**тамашена**	[tamaʃəna]
groep (de)	**группа**	[grup:a]
rondleiding (de)	**экскурси**	[ɛkskursi]
gids (de)	**экскурсилелорхо**	[ɛkskursilelɔrhɔ]

131. Hotel

hotel (het)	**хьешийн цlа**	[heʃi:n ʦha]
motel (het)	**мотель**	[mɔteʎ]
3-sterren	**кхо седа**	[qø seda]

5-sterren	**пхи седа**	[phi seda]
overnachten (ww)	**саца**	[satsa]
kamer (de)	**номер**	[nɔmer]
eenpersoonskamer (de)	**цхьа меттиг йолу номер**	[tsha met:ig jolu nɔmer]
tweepersoonskamer (de)	**шиъ меттиг йолу номер**	[ʃi met:ig jolu nɔmer]
een kamer reserveren	**номер бронь ян**	[nɔmer brɔɲ jan]
halfpension (het)	**полупансион**	[pɔlupansiɔn]
volpension (het)	**йиззина пансион**	[jɪz:ina pansiɔn]
met badkamer	**ваннер**	[vaŋer]
met douche	**душер**	[duʃər]
satelliet-tv (de)	**спутникови телевидени**	[sputnikɔwi telewideni]
airconditioner (de)	**кондиционер**	[kɔnditsiɔner]
handdoek (de)	**гата**	[gata]
sleutel (de)	**догІа**	[dɔɣa]
administrateur (de)	**администратор**	[administratɔr]
kamermeisje (het)	**хІусамча**	[husamtʃa]
piccolo (de)	**киранхо**	[kiranho]
portier (de)	**портье**	[pɔrtje]
restaurant (het)	**ресторан**	[restɔran]
bar (de)	**бар**	[bar]
ontbijt (het)	**марта**	[marta]
avondeten (het)	**пхьор**	[phɔr]
buffet (het)	**шведийн стоьл**	[ʃwedi:n støl]
hal (de)	**вестибюль**	[westibyʎ]
lift (de)	**лифт**	[lift]
NIET STOREN	**МА ХЬЕВЕ**	[ma hewe]
VERBODEN TE ROKEN!	**ЦИГАЬРКА ОЗА МЕГАШ ДАЦ!**	[tsigærka ɔza megaʃ dats]

132. Boeken. Lezen

boek (het)	**книшка**	[kniʃka]
auteur (de)	**автор**	[avtɔr]
schrijver (de)	**яздархо**	[jazdarhɔ]
schrijven (een boek)	**язъян**	[jazʰjan]
lezer (de)	**ешархо**	[eʃarhɔ]
lezen (ww)	**еша**	[eʃa]
lezen (het)	**ешар**	[eʃar]
stil (~ lezen)	**дагахь**	[dagah]
hardop (~ lezen)	**хезаш**	[hezaʃ]
uitgeven (boek ~)	**арахеца**	[arahetsa]
uitgeven (het)	**арахецар**	[arahetsar]
uitgever (de)	**арахецархо**	[arahetsarhɔ]
uitgeverij (de)	**издательство**	[izdateʎstvɔ]

verschijnen (bijv. boek)	**арадала**	[aradala]
verschijnen (het)	**арадалар**	[aradalar]
oplage (de)	**тираж**	[tiraʒ]
boekhandel (de)	**книшкийн туька**	[kniʃki:n tyka]
bibliotheek (de)	**библиотека**	[bibliɔteka]
novelle (de)	**повесть**	[pɔwestʲ]
verhaal (het)	**дийцар**	[di:ʦar]
roman (de)	**роман**	[rɔman]
detectiveroman (de)	**детектив**	[detektiv]
memoires (mv.)	**мемуараш**	[memuaraʃ]
legende (de)	**дийцар**	[di:ʦar]
mythe (de)	**миф**	[mif]
gedichten (mv.)	**байташ**	[bajtaʃ]
autobiografie (de)	**автобиографи**	[avtɔbiɔgrafi]
bloemlezing (de)	**хаьржина**	[hærʒina]
sciencefiction (de)	**фантастика**	[fantastika]
naam (de)	**цӀе**	[ʦhe]
inleiding (de)	**чудалор**	[ʧudalɔr]
voorblad (het)	**титулан агӀо**	[titulan aɣɔ]
hoofdstuk (het)	**корта**	[kɔrta]
fragment (het)	**дакъа**	[daqha]
episode (de)	**эпизод**	[ɛpizɔd]
intrige (de)	**сюжет**	[syʒet]
inhoud (de)	**чулацам**	[ʧulaʦam]
inhoudsopgave (de)	**чулацам**	[ʧulaʦam]
hoofdpersonage (het)	**коьрта турпалхо**	[kørta turpalho]
boekdeel (het)	**том**	[tɔm]
omslag (de/het)	**мужалт**	[muʒalt]
boekband (de)	**мужалт яр**	[muʒalt jar]
bladwijzer (de)	**юкъаюьллург**	[juqhajul:urg]
pagina (de)	**агӀо**	[aɣɔ]
bladeren (ww)	**херца**	[herʦa]
marges (mv.)	**йистош**	[jɪstɔʃ]
annotatie (de)	**билгало**	[bilgalɔ]
opmerking (de)	**билгалдаккхар**	[bilgaldak:ar]
tekst (de)	**текст**	[tekst]
lettertype (het)	**зорба**	[zɔrba]
drukfout (de)	**гӀалат кхетар**	[ɣalat qetar]
vertaling (de)	**гоч**	[gɔʧ]
vertalen (ww)	**гочдинарг**	[gɔʧdinarg]
origineel (het)	**бакъдерг**	[baqhderg]
beroemd (bn)	**гӀарадаьлла**	[ɣaradæl:a]
onbekend (bn)	**девзаш доцу**	[devzaʃ dɔʦu]
interessant (bn)	**самукъане**	[samuqhane]

bestseller (de)	**бестселлер**	[bestsel:er]
woordenboek (het)	**дошам, словарь**	[dɔʃam], [slɔvarʲ]
leerboek (het)	**учебник**	[utʃebnik]
encyclopedie (de)	**энциклопеди**	[ɛntsiklɔpedi]

133. Jacht. Vissen.

jacht (de)	**таллар**	[tal:ar]
jagen (ww)	**талла эха**	[tal:a ɛha]
jager (de)	**таллархо**	[tal:arhɔ]
schieten (ww)	**кхийса**	[qi:sa]
geweer (het)	**топ**	[tɔp]
patroon (de)	**патарма**	[patarma]
hagel (de)	**дробь**	[drɔbʲ]
val (de)	**гура**	[gura]
valstrik (de)	**речlа**	[retʃha]
een val zetten	**гура богlа**	[gura bɔɣa]
stroper (de)	**браконьер**	[brakɔɲer]
wild (het)	**экха**	[ɛqa]
jachthond (de)	**талла рхойн жlаьла**	[tal:arhɔjn ʒəæla]
safari (de)	**сафари**	[safari]
opgezet dier (het)	**мунда**	[munda]
visser (de)	**чlерийлецархо**	[tʃheri:letsarhɔ]
visvangst (de)	**чlерийлецар**	[tʃheri:letsar]
vissen (ww)	**чlерий леца**	[tʃheri: letsa]
hengel (de)	**мlара**	[məara]
vislijn (de)	**леска**	[leska]
haak (de)	**мlара**	[məara]
dobber (de)	**тlус**	[thus]
aas (het)	**кхоллург**	[qɔl:urg]
de hengel uitwerpen	**къийдамаш бан**	[qhi:damaʃ ban]
bijten (ov. de vissen)	**муьрг етта**	[myrg et:a]
vangst (de)	**лецна**	[letsna]
wak (het)	**lуьрг**	[əyrg]
net (het)	**бой**	[bɔj]
boot (de)	**кема**	[kema]
vissen met netten	**бойца леца**	[bɔjtsa letsa]
het net uitwerpen	**бой чукхосса**	[bɔj tʃuqɔs:a]
het net binnenhalen	**бой аратакхо**	[bɔj arataqɔ]
walvisvangst (de)	**китобой**	[kitɔbɔj]
walvisvaarder (de)	**китобойни кема**	[kitɔbɔjni kema]
harpoen (de)	**чаьнчакх**	[tʃæntʃaq]

134. Spellen. Biljart

biljart (het)	**биллиард**	[bil:iard]
biljartzaal (de)	**биллиардан**	[bil:iardan]
biljartbal (de)	**биллиардан шар**	[bil:iardan ʃar]
een bal in het gat jagen	**шар чутоха**	[ʃar ʧutɔha]
keu (de)	**кий**	[ki:]
gat (het)	**луза**	[luza]

135. Spellen. Speelkaarten

ruiten (mv.)	**черо**	[ʧerɔ]
schoppen (mv.)	**lаьржбlаьрг**	[əærʒbəærg]
klaveren (mv.)	**черви**	[ʧerwi]
harten (mv.)	**lаьржабlаьргаш**	[əærʒabəærgaʃ]
aas (de)	**тlуз**	[thuz]
koning (de)	**паччахь**	[patʃah]
dame (de)	**йоl**	[joə]
boer (de)	**салти**	[salti]
speelkaart (de)	**ловзо кехат**	[lɔvzɔ kehat]
kaarten (mv.)	**кехаташ**	[kehataʃ]
troef (de)	**козар**	[kɔzar]
pak (het) kaarten	**туп**	[tup]
uitdelen (kaarten ~)	**декъа**	[deqha]
schudden (de kaarten ~)	**эдан**	[ɛdan]
beurt (de)	**дахар**	[dahar]
valsspeler (de)	**хьарамча**	[haramʧa]

136. Rusten. Spellen. Diversen

wandelen (on.ww.)	**доладала**	[dɔladala]
wandeling (de)	**доладалар**	[dɔladalar]
trip (per auto)	**доладалар**	[dɔladalar]
avontuur (het)	**хилларг**	[hil:arg]
picknick (de)	**пикник**	[piknik]
spel (het)	**ловзар**	[lɔvzar]
speler (de)	**ловзархо**	[lɔvzarhɔ]
partij (de)	**парти**	[parti]
collectioneur (de)	**гулдархо**	[guldarhɔ]
collectioneren (ww)	**гулъян**	[gulʰjan]
collectie (de)	**гулдар**	[guldar]
kruiswoordraadsel (het)	**кроссворд**	[krɔs:vɔrd]
hippodroom (de)	**ипподром**	[ip:ɔdrɔm]
discotheek (de)	**дискотека**	[diskɔteka]

sauna (de)	**сауна**	[sauna]
loterij (de)	**лотерей**	[lɔterej]
trektocht (kampeertocht)	**поход**	[pɔhod]
kamp (het)	**лагерь**	[lager']
tent (de)	**четар**	[ʧetar]
kompas (het)	**къилба**	[qhilba]
rugzaktoerist (de)	**турист**	[turist]
bekijken (een film ~)	**хьежа**	[heʒa]
kijker (televisie~)	**телехьажархо**	[telehaʒarhɔ]
televisie-uitzending (de)	**телепередача**	[teleperedaʧa]

137. Fotografie

fotocamera (de)	**фотоаппарат**	[fɔtɔap:arat]
foto (de)	**фото, сурт**	[fɔtɔ], [surt]
fotograaf (de)	**суьрташдохург**	[syrtaʃdɔhurg]
fotostudio (de)	**фотостуди**	[fɔtɔstudi]
fotoalbum (het)	**фотоальбом**	[fɔtɔaʎbɔm]
lens (de), objectief (het)	**объектив**	[ɔbʰektiv]
telelens (de)	**телеобъектив**	[teleɔbʰektiv]
filter (de/het)	**фильтр**	[fiʎtr]
lens (de)	**линза**	[linza]
optiek (de)	**оптика**	[ɔptika]
diafragma (het)	**диафрагма**	[diafragma]
belichtingstijd (de)	**выдержка**	[vıderʒka]
zoeker (de)	**видоискатель**	[widɔiskateʎ]
digitale camera (de)	**цифрийн камера**	[ʦifri:n kamera]
statief (het)	**штатив**	[ʃtativ]
flits (de)	**эккхар**	[ɛk:ar]
fotograferen (ww)	**сурт даккха**	[surt dak:a]
kieken (foto's maken)	**даккха**	[dak:a]
zich laten fotograferen	**сурт даккхийта**	[surt dak:i:ta]
focus (de)	**резкость**	[rezkɔst']
scherpstellen (ww)	**резкостан тӀедало**	[rezkɔstan thedalɔ]
scherp (bn)	**чӀоarla**	[ʧhɔaɣa]
scherpte (de)	**чӀоarla хилар**	[ʧhɔaɣa hilar]
contrast (het)	**къастам**	[qhastam]
contrastrijk (bn)	**къастаме**	[qhastame]
kiekje (het)	**сурт**	[surt]
negatief (het)	**негатив**	[negativ]
filmpje (het)	**фотоплёнка**	[fɔtɔplɜŋka]
beeld (frame)	**кадр**	[kadr]
afdrukken (foto's ~)	**зорба тоха**	[zɔrba tɔha]

138. Strand. Zwemmen

strand (het)	**пляж**	[pʎɑʒ]
zand (het)	**гӏум**	[ɣum]
leeg (~ strand)	**гӏум-аренан**	[ɣum arenan]
bruine kleur (de)	**кхарзавалар**	[qarzavalar]
zonnebaden (ww)	**вага**	[vaga]
gebruind (bn)	**маьлхо дагийна**	[mælho dagi:na]
zonnecrème (de)	**кхарзваларан дуьхьал крем**	[qarzvalaran dyhal krem]
bikini (de)	**бикини**	[bikini]
badpak (het)	**луьйчушъюхург**	[lyjʧuʃʲjuhurg]
zwembroek (de)	**плавкаш**	[plavkaʃ]
zwembad (het)	**бассейн**	[bas:ejn]
zwemmen (ww)	**нека дан**	[neka dan]
douche (de)	**душ**	[duʃ]
zich omkleden (ww)	**бедар хийца**	[bedar hi:ʦa]
handdoek (de)	**гата**	[gata]
boot (de)	**кема**	[kema]
motorboot (de)	**катер**	[kater]
waterski's (mv.)	**хин лыжаш**	[hin lɪʒaʃ]
waterfiets (de)	**хин вилиспет**	[hin wilispet]
surfen (het)	**серфинг**	[serfiŋ]
surfer (de)	**серфингхо**	[serfinho]
scuba, aqualong (de)	**акваланг**	[akvalaŋ]
zwemvliezen (mv.)	**пиллигаш**	[pil:igaʃ]
duikmasker (het)	**маска**	[maska]
duiker (de)	**чулелхархо**	[ʧulelharhɔ]
duiken (ww)	**чулелха**	[ʧulelha]
onder water (bw)	**хин кӏел**	[hin k:el]
parasol (de)	**зонтик**	[zɔntik]
ligstoel (de)	**шезлонг**	[ʃəzlɔŋ]
zonnebril (de)	**куьзганаш**	[kyzganaʃ]
luchtmatras (de/het)	**нека дан гоь**	[neka dan gø]
spelen (ww)	**ловза**	[lɔvza]
gaan zwemmen (ww)	**лийча**	[li:ʧa]
bal (de)	**буьрка**	[byrka]
opblazen (oppompen)	**дуса**	[dusa]
lucht-, opblaasbare (bn)	**дусу**	[dusu]
golf (hoge ~)	**тулгӏе**	[tulɣe]
boei (de)	**буй**	[buj]
verdrinken (ww)	**бухадаха**	[buhadaha]
redden (ww)	**кӏелхьардакхха**	[k:elhardaqha]
reddingsvest (de)	**кӏелхьарвокхху жилет**	[k:elharvɔqhu ʒilet]

waarnemen (ww)	**тергам бан**	[tergam ban]
redder (de)	**кlелхьардакххархо**	[k:elhardaqharhɔ]

TECHNISCHE APPARATUUR. VERVOER

Technische apparatuur

139. Computer

computer (de)	**компьютер**	[kɔmpjyter]
laptop (de)	**ноутбук**	[nɔutbuk]
aanzetten (ww)	**лато**	[latɔ]
uitzetten (ww)	**дӀадайа**	[dəadaja]
toetsenbord (het)	**клавиатура**	[klawiatura]
toets (enter~)	**пиллиг**	[pil:ig]
muis (de)	**мышь**	[mɪʃ]
muismat (de)	**кузан цуьрг**	[kuzan ʦyrg]
knopje (het)	**кнопка**	[knɔpka]
cursor (de)	**курсор**	[kursɔr]
monitor (de)	**монитор**	[mɔnitɔr]
scherm (het)	**экран**	[ɛkran]
harde schijf (de)	**жёстки диск**	[ʒɜstki disk]
volume (het) van de harde schijf	**жестки дискан барам**	[ʒestki diskan baram]
geheugen (het)	**эс**	[ɛs]
RAM-geheugen (het)	**оперативни эс**	[ɔperativni ɛs]
bestand (het)	**файл**	[fajl]
folder (de)	**папка**	[papka]
openen (ww)	**схьаделла**	[shadel:a]
sluiten (ww)	**дӀакъовла**	[dəaqhɔvla]
opslaan (ww)	**Ӏалашдан**	[əalaʃdan]
verwijderen (wissen)	**дӀадаккха**	[dəadak:a]
kopiëren (ww)	**копи яккха**	[kɔpi jak:a]
sorteren (ww)	**сорташ дан**	[sɔrtaʃ dan]
overplaatsen (ww)	**схьаяздан**	[shajazdan]
programma (het)	**программа**	[prɔgram:a]
software (de)	**программни кхачам**	[prɔgram:ni qaʧam]
programmeur (de)	**программист**	[prɔgram:ist]
programmeren (ww)	**программа хӀотто**	[prɔgram:a hɔt:ɔ]
hacker (computerkraker)	**хакер**	[haker]
wachtwoord (het)	**пароль**	[parɔʎ]
virus (het)	**вирус**	[wirus]
ontdekken (virus ~)	**каро**	[karɔ]

byte (de)	**байт**	[bajt]
megabyte (de)	**мегабайт**	[megabajt]
data (de)	**хаамаш**	[ha:maʃ]
databank (de)	**хаамашан база**	[ha:maʃan baza]
kabel (USB-~, enz.)	**кабель**	[kabeʎ]
afsluiten (ww)	**дӏадаккха**	[dəadak:a]
aansluiten op (ww)	**вовшахтаса**	[vɔvʃahtasa]

140. Internet. E-mail

internet (het)	**интернет**	[internet]
browser (de)	**браузер**	[brauzer]
zoekmachine (de)	**лехамийн ресурс**	[lehami:n resurs]
internetprovider (de)	**провайдер**	[prɔvajder]
webmaster (de)	**веб-мастер**	[web master]
website (de)	**веб-сайт**	[web sajt]
webpagina (de)	**веб-агӏо**	[web aɣɔ]
adres (het)	**адрес**	[adres]
adresboek (het)	**адресийн книга**	[adresi:n kniga]
postvak (het)	**поштан яьшка**	[pɔʃtan jaʃka]
post (de)	**пошт**	[pɔʃt]
bericht (het)	**хаам**	[ha:m]
verzender (de)	**дӏадахьийтинарг**	[dəadahi:tinarg]
verzenden (ww)	**дӏадахьийта**	[dəadahi:ta]
verzending (de)	**дӏадахьийтар**	[dəadahi:tar]
ontvanger (de)	**схьаэцархо**	[shaətsarhɔ]
ontvangen (ww)	**схьаэца**	[zhaətsa]
correspondentie (de)	**кехаташ дӏасакхехьийтар**	[kehataʃ dəasaqehi:tar]
corresponderen (met ...)	**кехаташ дӏасакхехьийта**	[kehataʃ dəasaqehi:ta]
bestand (het)	**файл**	[fajl]
downloaden (ww)	**чудаккха**	[ʧudak:a]
creëren (ww)	**кхолла**	[qɔl:a]
verwijderen (een bestand ~)	**дӏадаккха**	[dəadak:a]
verwijderd (bn)	**дӏадаьккхнарг**	[dəadæk:narg]
verbinding (de)	**дазар**	[dazar]
snelheid (de)	**сихалла**	[sihal:a]
modem (de)	**модем**	[mɔdem]
toegang (de)	**тӏекхочийла**	[theqɔʧi:la]
poort (de)	**порт**	[pɔrt]
aansluiting (de)	**дӏатасар**	[dəatasar]
zich aansluiten (ww)	**дӏатаса**	[dəatasa]
selecteren (ww)	**харжа**	[harʒa]
zoeken (ww)	**леха**	[leha]

Vervoer

141. Vliegtuig

vliegtuig (het)	**кема**	[kemɑ]
vliegticket (het)	**авиабилет**	[ɑwiɑbilet]
luchtvaartmaatschappij (de)	**авиакомпани**	[ɑwiɑkɔmpɑni]
luchthaven (de)	**аэропорт**	[ɑərɔpɔrt]
supersonisch (bn)	**озал тӀехь**	[ɔzɑl theh]
gezagvoerder (de)	**кеман командир**	[kemɑn kɔmɑndir]
bemanning (de)	**экипаж**	[ɛkipɑʒ]
piloot (de)	**кеманхо**	[kemɑnho]
stewardess (de)	**стюардесса**	[styɑrdes:ɑ]
stuurman (de)	**штурман**	[ʃturmɑn]
vleugels (mv.)	**тӀемаш**	[themɑʃ]
staart (de)	**цӀога**	[ʦhɔgɑ]
cabine (de)	**кабина**	[kɑbinɑ]
motor (de)	**двигатель**	[dwigɑteʎ]
landingsgestel (het)	**шасси**	[ʃɑs:i]
turbine (de)	**бера**	[berɑ]
propeller (de)	**бера**	[berɑ]
zwarte doos (de)	**Ӏаьржа яьшка**	[əærʒɑ jɑʃkɑ]
stuur (het)	**штурвал**	[ʃturvɑl]
brandstof (de)	**ягорг**	[jɑgɔrg]
veiligheidskaart (de)	**инструкци**	[instrukʦi]
zuurstofmasker (het)	**кислородан маска**	[kislɔrɔdɑn mɑskɑ]
uniform (het)	**униформа**	[unifɔrmɑ]
reddingsvest (de)	**кӀелхьарвоккху жилет**	[k:elhɑrvɔqhu ʒilet]
parachute (de)	**четар**	[ʧetɑr]
opstijgen (het)	**хьалагӀаттар**	[hɑlɑɣɑt:ɑr]
opstijgen (ww)	**хьалагӀатта**	[hɑlɑɣɑt:ɑ]
startbaan (de)	**хьалагӀотту аса**	[hɑlɑɣɔt:u ɑsɑ]
zicht (het)	**гуш хилар**	[guʃ hilɑr]
vlucht (de)	**дахар**	[dɑhɑr]
hoogte (de)	**лакхалла**	[lɑqɑl:ɑ]
luchtzak (de)	**хӀаваъан ор**	[hɑvɑ:n ɔr]
plaats (de)	**меттиг**	[met:ig]
koptelefoon (de)	**ладугӀурган**	[lɑduɣurgɑʃ]
tafeltje (het)	**цхьалха стол**	[ʦhɑlhɑ stɔl]
venster (het)	**иллюминатор**	[il:yminɑtɔr]
gangpad (het)	**чекхдолийла**	[ʧeqdɔli:lɑ]

142. Trein

trein (de)	**цlерпошт**	[tsherpɔʃt]
elektrische trein (de)	**электричка**	[ɛlektritʃka]
sneltrein (de)	**чехка цlерпошт**	[tʃehka tsherpɔʃt]
diesellocomotief (de)	**тепловоз**	[teplɔvɔz]
locomotief (de)	**цlермашен**	[tshermaʃən]
rijtuig (het)	**вагон**	[vagɔn]
restauratierijtuig (het)	**вагон-ресторан**	[vagɔn restɔran]
rails (mv.)	**рельсаш**	[reʎsaʃ]
spoorweg (de)	**аьчка некъ**	[ætʃka neqh]
dwarsligger (de)	**шпала**	[ʃpala]
perron (het)	**платформа**	[platfɔrma]
spoor (het)	**некъ**	[neqh]
semafoor (de)	**семафор**	[semafɔr]
halte (bijv. kleine treinhalte)	**станци**	[stantsi]
machinist (de)	**машинхо**	[maʃinho]
kruier (de)	**киранхо**	[kiranho]
conducteur (de)	**проводник**	[prɔvɔdnik]
passagier (de)	**пассажир**	[pas:aʒir]
controleur (de)	**контролёр**	[kɔntrɔlɜr]
gang (in een trein)	**уче**	[utʃe]
noodrem (de)	**стоп-кран**	[stɔp kran]
coupé (de)	**купе**	[kupe]
bed (slaapplaats)	**терхи**	[terhi]
bovenste bed (het)	**лакхара терхи**	[laqara terhi]
onderste bed (het)	**лахара терхи**	[lahara terhi]
beddengoed (het)	**меттан лоччарш**	[met:an lɔtʃarʃ]
kaartje (het)	**билет**	[bilet]
dienstregeling (de)	**расписани**	[raspisani]
informatiebord (het)	**хаамийн у**	[ha:mi:n u]
vertrekken (De trein vertrekt ...)	**дlадаха**	[dəadaha]
vertrek (ov. een trein)	**дlадахар**	[dəadahar]
aankomen (ov. de treinen)	**схьакхача**	[shaqatʃa]
aankomst (de)	**схьакхачар**	[shaqatʃar]
aankomen per trein	**цlерпоштахь ван**	[tsherpɔʃtah van]
in de trein stappen	**цlерпошта тlе хаа**	[tsherpɔʃta the ha:]
uit de trein stappen	**цlерпошта тlера охьадосса**	[tsherpɔʃta thera ɔhadɔs:a]
treinwrak (het)	**харцар**	[hartsar]
locomotief (de)	**цlермашен**	[tshermaʃən]
stoker (de)	**кочегар**	[kɔtʃegar]
stookplaats (de)	**дагор**	[dagɔr]
steenkool (de)	**кlора**	[k:ɔra]

143. Schip

schip (het)	**кема**	[kema]
vaartuig (het)	**кема**	[kema]
stoomboot (de)	**цlеркема**	[ʦherkema]
motorschip (het)	**теплоход**	[teplɔhod]
lijnschip (het)	**лайнер**	[lajner]
kruiser (de)	**крейсер**	[krejser]
jacht (het)	**яхта**	[jahta]
sleepboot (de)	**буксир**	[buksir]
duwbak (de)	**баржа**	[barʒa]
ferryboot (de)	**бурам**	[buram]
zeilboot (de)	**гатанан кема**	[gatanan kema]
brigantijn (de)	**бригантина**	[brigantina]
IJsbreker (de)	**ша-кема**	[ʃa kema]
duikboot (de)	**хи бухахула лела кема**	[hi buhahula lela kema]
boot (de)	**кема**	[kema]
sloep (de)	**шлюпка**	[ʃlypka]
reddingssloep (de)	**кlелхьарвоккху шлюпка**	[k:elharvɔk:u ʃlypka]
motorboot (de)	**катер**	[kater]
kapitein (de)	**капитан**	[kapitan]
zeeman (de)	**хlордахо**	[hɔrdaho]
matroos (de)	**хlордахо**	[hɔrdaho]
bemanning (de)	**экипаж**	[ɛkipaʒ]
bootsman (de)	**боцман**	[bɔʦman]
scheepsjongen (de)	**юнга**	[juŋa]
kok (de)	**кок**	[kɔk]
scheepsarts (de)	**хи кеман лор**	[hi keman lɔr]
dek (het)	**палуба**	[paluba]
mast (de)	**мачта**	[maʧta]
zeil (het)	**гата**	[gata]
ruim (het)	**трюм**	[trym]
voorsteven (de)	**кеман мара**	[keman mara]
achtersteven (de)	**кеман цlога**	[keman ʦhɔga]
roeispaan (de)	**пийсиг**	[pi:sig]
schroef (de)	**винт**	[wint]
kajuit (de)	**каюта**	[kajuta]
officierskamer (de)	**кают-компани**	[kajut kɔmpani]
machinekamer (de)	**машинийн отделени**	[maʃini:n ɔtdeleni]
brug (de)	**капитанан тlай**	[kapitanan thaj]
radiokamer (de)	**радиотрубка**	[radiɔtrubka]
radiogolf (de)	**тулгlе**	[tulɣe]
logboek (het)	**кеман журнал**	[keman ʒurnal]
verrekijker (de)	**турмал**	[turmal]
klok (de)	**горгал**	[gɔrgal]

vlag (de)	**байракх**	[bajraq]
kabel (de)	**муш**	[muʃ]
knoop (de)	**шад**	[ʃad]
trapleuning (de)	**тlам**	[tham]
trap (de)	**лами**	[lami]
anker (het)	**якорь**	[jakɔrʲ]
het anker lichten	**якорь хьалаайа**	[jakɔrʲ hala:ja]
het anker neerlaten	**якорь кхосса**	[jakɔrʲ qɔs:a]
ankerketting (de)	**якоран зlе**	[jakɔran zəe]
haven (bijv. containerhaven)	**порт**	[pɔrt]
kaai (de)	**дlатосийла**	[dəatɔsi:la]
aanleggen (ww)	**йистедало**	[jıstedalɔ]
wegvaren (ww)	**дlадаха**	[dəadaha]
reis (de)	**араваьлла лелар**	[aravæl:a lelar]
cruise (de)	**круиз**	[kruiz]
koers (de)	**курс**	[kurs]
route (de)	**маршрут**	[marʃrut]
vaarwater (het)	**фарватер**	[farvater]
zandbank (de)	**гомхалла**	[gɔmhal:a]
stranden (ww)	**гlамарла даха**	[ɣamarla daha]
storm (de)	**дарц**	[darʦ]
signaal (het)	**сигнал**	[signal]
zinken (ov. een boot)	**бухадаха**	[buhadaha]
SOS (noodsignaal)	**SOS**	[sɔs]
reddingsboei (de)	**кlелхьарвоккху го**	[k:elharvɔk:u gɔ]

144. Vliegveld

luchthaven (de)	**аэропорт**	[aərɔpɔrt]
vliegtuig (het)	**кема**	[kema]
luchtvaartmaatschappij (de)	**авиакомпани**	[awiakɔmpani]
luchtverkeersleider (de)	**диспетчер**	[dispeʧer]
vertrek (het)	**дlадахар**	[dəadahar]
aankomst (de)	**схьакхачар**	[shaqaʧar]
aankomen (per vliegtuig)	**схьакхача**	[shaqaʧa]
vertrektijd (de)	**гlовтаран хан**	[ɣɔvtaran han]
aankomstuur (het)	**схьакхачаран хан**	[shaqaʧaran han]
vertraagd zijn (ww)	**хьедала**	[hedala]
vluchtvertraging (de)	**хьедар**	[hedar]
informatiebord (het)	**хаамийн табло**	[ha:mi:n tablɔ]
informatie (de)	**хаам**	[ha:m]
aankondigen (ww)	**кхайкхо**	[qajqɔ]
vlucht (bijv. KLM ~)	**рейс**	[rejs]
douane (de)	**таможни**	[tamɔʒni]

douanier (de)	**таможхо**	[tamɔʒho]
douaneaangifte (de)	**деклараци**	[deklaratsi]
een douaneaangifte invullen	**деклараци язъян**	[deklaratsi jazʰjan]
paspoortcontrole (de)	**паспортан контроль**	[pastpɔrtan kɔntrɔʎ]
bagage (de)	**кира**	[kira]
handbagage (de)	**куьйга леладен кира**	[kyjga leladen kira]
Gevonden voorwerpen	**багаж лахар**	[bagaʒ lahar]
bagagekarretje (het)	**гӏудалкх**	[ɣudalq]
landing (de)	**охьахаар**	[ɔhaha:r]
landingsbaan (de)	**охьахааден аса**	[ɔhaha:den asa]
landen (ww)	**охьахаа**	[ɔhaha:]
vliegtuigtrap (de)	**лами**	[lami]
inchecken (het)	**регистраци**	[registratsi]
incheckbalie (de)	**регистрацин гӏопаста**	[registratsin ɣɔpasta]
inchecken (ww)	**регистраци ян**	[registratsi jan]
instapkaart (de)	**тӏехааден талон**	[theha:den talɔn]
gate (de)	**арадалар**	[aradalar]
transit (de)	**транзит**	[tranzit]
wachten (ww)	**хьежа**	[heʒa]
wachtzaal (de)	**хьежаран зал**	[heʒaran zal]
begeleiden (uitwuiven)	**новкъадаккха**	[nɔvqhadak:a]
afscheid nemen (ww)	**ӏодика ян**	[ɘɔdika jan]

145. Fiets. Motorfiets

fiets (de)	**велиспет**	[welispet]
bromfiets (de)	**мотороллер**	[mɔtɔrɔl:er]
motorfiets (de)	**мотоцикл**	[mɔtɔtsikl]
met de fiets rijden	**велиспетехь ваха**	[welispeteh vaha]
stuur (het)	**тӏам**	[tham]
pedaal (de/het)	**педаль**	[pedaʎ]
remmen (mv.)	**тормозаш**	[tɔrmɔzaʃ]
fietszadel (de/het)	**нуьйр**	[nyjr]
pomp (de)	**насос**	[nasɔs]
bagagedrager (de)	**багажник**	[bagaʒnik]
fietslicht (het)	**фонарь**	[fɔnarʲ]
helm (de)	**гӏем**	[ɣem]
wiel (het)	**чкъург**	[ʧqhurg]
spatbord (het)	**тӏам**	[tham]
velg (de)	**туре**	[ture]
spaak (de)	**чӏу**	[ʧhu]

Auto's

146. Soorten auto's

auto (de)	**автомобиль**	[avtɔmɔbiʎ]
sportauto (de)	**спортивни автомобиль**	[spɔrtivni avtɔmɔbiʎ]
limousine (de)	**лимузин**	[limuzin]
terreinwagen (de)	**внедорожник, джип**	[vnedɔrɔʒnik], [ʤip]
cabriolet (de)	**кабриолет**	[kabriɔlet]
minibus (de)	**микроавтобус**	[mikrɔavtɔbus]
ambulance (de)	**сихонан гIо**	[sihonan ɣɔ]
sneeuwruimer (de)	**ло дIадоккху машина**	[lɔ dəadɔk:u maʃina]
vrachtwagen (de)	**киранийн машина**	[kirani:n maʃina]
tankwagen (de)	**бензовоз**	[benzɔvɔz]
bestelwagen (de)	**хIургон**	[hurgɔn]
trekker (de)	**озорг**	[ɔzɔrg]
aanhangwagen (de)	**тIаьхьатосург**	[thæhatɔsurg]
comfortabel (bn)	**комфорт йолу**	[kɔmfɔrt jolu]
tweedehands (bn)	**лелийна**	[leli:na]

147. Auto's. Carrosserie

motorkap (de)	**капот**	[kapɔt]
spatbord (het)	**тIам**	[tham]
dak (het)	**тхов**	[thov]
voorruit (de)	**хьалхара ангали**	[halhara aŋali]
achterruit (de)	**тIехьара сурт гайта ангали**	[thehara surt gajta aŋali]
ruitensproeier (de)	**дилар**	[dilar]
wisserbladen (mv.)	**ангалицIандийригаш**	[aŋaliʦhandi:rigaʃ]
zijruit (de)	**агIонгара ангали**	[aɣɔŋara aŋali]
raamlift (de)	**ангалихьалаойург**	[aŋalihalaɔjurg]
antenne (de)	**антенна**	[anteŋa]
zonnedak (het)	**люк**	[lyk]
bumper (de)	**бампер**	[bamper]
koffer (de)	**багажник**	[bagaʒnik]
portier (het)	**неI**	[neə]
handvat (het)	**тIам**	[tham]
slot (het)	**догIа**	[dɔɣa]
nummerplaat (de)	**номер**	[nɔmer]
knalpot (de)	**лагIйийриг**	[laɣji:rig]

benzinetank (de)	**бензинан бак**	[benzinan bak]
uitlaatpijp (de)	**выхлопни турба**	[vıhlɔpni turba]
gas (het)	**газ**	[gaz]
pedaal (de/het)	**педаль**	[pedaʎ]
gaspedaal (de/het)	**газан педаль**	[gazan pedaʎ]
rem (de)	**тормоз**	[tɔrmɔz]
rempedaal (de/het)	**тормозан педаль**	[tɔrmɔzan pedaʎ]
remmen (ww)	**тормоз таса**	[tɔrmɔz tasa]
handrem (de)	**дlахlоттайойларан тормоз**	[dəahɔt:ajojlaran tɔrmɔz]
koppeling (de)	**вовшахтасар**	[vɔvʃahtasar]
koppelingspedaal (de/het)	**вовшахтасаран педаль**	[vɔvʃahtasaran pedaʎ]
koppelingsschijf (de)	**вовшахтасаран диск**	[vɔvʃahtasaran disk]
schokdemper (de)	**амортизатор**	[amɔrtizatɔr]
wiel (het)	**чкъург**	[ʧqhurg]
reservewiel (het)	**тlаьхьалонан чкъург**	[thæhalɔnan ʧqhurg]
wieldop (de)	**кад**	[kad]
aandrijfwielen (mv.)	**лело чкъургаш**	[lelɔ ʧqhurgaʃ]
met voorwielaandrijving	**хьалхараприводан**	[halharaprivɔdan]
met achterwielaandrijving	**тlехьараприводан**	[theharaprivɔdan]
met vierwielaandrijving	**дуьззинаприводан**	[dyz:inaprivɔdan]
versnellingsbak (de)	**передачан гlутакх**	[peredaʧan ɣutaq]
automatisch (bn)	**автоматически**	[avtɔmatiʧeski]
mechanisch (bn)	**механически**	[mehaniʧeski]
versnellingspook (de)	**передачан гlутакхан зеразакъ**	[peredaʧan ɣutaqan zerazaqh]
voorlicht (het)	**фара**	[fara]
voorlichten (mv.)	**фараш**	[faraʃ]
dimlicht (het)	**гергара серло**	[gergara serlɔ]
grootlicht (het)	**генара серло**	[genara serlɔ]
stoplicht (het)	**собар-хаам**	[sɔbar ha:m]
standlichten (mv.)	**габаритам серло**	[gabaritam serlɔ]
noodverlichting (de)	**аварии серло**	[avari: serlɔ]
mistlichten (mv.)	**дахкарна дуьхьалара фараш**	[dahkarna dyhalara faraʃ]
pinker (de)	**«поворотник»**	[pɔvɔrɔtnik]
achteruitrijdlicht (het)	**юханехьа дахар**	[juhaneha dahar]

148. Auto's. Passagiersruimte

interieur (het)	**салон**	[salɔn]
leren (van leer gemaak)	**тlаьрсиган**	[thærsigan]
fluwelen (abn)	**велюран**	[welyran]
bekleding (de)	**тlетухург**	[thetuhurg]
toestel (het)	**прибор**	[pribɔr]
instrumentenbord (het)	**приборийн у**	[pribɔri:n u]

snelheidsmeter (de)	**спидометр**	[spidɔmetr]
pijltje (het)	**цамза**	[ʦamza]
kilometerteller (de)	**лолург**	[lɔlurg]
sensor (de)	**гойтург**	[gɔjturg]
niveau (het)	**барам**	[baram]
controlelampje (het)	**лампа**	[lampa]
stuur (het)	**тlам, тlоман чкъург**	[tham], [thɔman ʧqhurg]
toeter (de)	**сигнал**	[signal]
knopje (het)	**кнопка**	[knɔpka]
schakelaar (de)	**лакъорг**	[laqhɔrg]
stoel (bestuurders~)	**охьахоийла**	[ɔhahoi:la]
rugleuning (de)	**букъ**	[buqh]
hoofdsteun (de)	**гlовла**	[ɣɔvla]
veiligheidsgordel (de)	**доьхка**	[døhka]
de gordel aandoen	**доьхка тlедолла**	[døhka thedɔl:a]
regeling (de)	**нисдар**	[nisdar]
airbag (de)	**хlаваан гlайба**	[hava:n ɣajba]
airconditioner (de)	**кондиционер**	[kɔndiʦiɔner]
radio (de)	**радио**	[radiɔ]
CD-speler (de)	**CD-проигрыватель**	[sidi prɔigrıvateʎ]
aanzetten (bijv. radio ~)	**йолаялийта**	[jolajali:ta]
antenne (de)	**антенна**	[anteŋa]
handschoenenkastje (het)	**бардачок**	[bardaʧɔk]
asbak (de)	**чимтосург**	[ʧimtɔsurg]

149. Auto's. Motor

diesel- (abn)	**дизелан**	[dizelan]
benzine- (~motor)	**бензинан**	[benzinan]
motorinhoud (de)	**двигателан чухоам**	[dwigatelan ʧuhoam]
vermogen (het)	**нуьцкъалла**	[nyʦqhal:a]
paardenkracht (de)	**говран ницкъ**	[gɔvran niʦqh]
zuiger (de)	**поршень**	[pɔrʃəɲ]
cilinder (de)	**цилиндр**	[ʦilindr]
klep (de)	**клапан**	[klapan]
injectie (de)	**инжектор**	[inʒektɔr]
generator (de)	**генератор**	[generatɔr]
carburator (de)	**карбюратор**	[karbyratɔr]
motorolie (de)	**моторан даьтта**	[mɔtɔran dæt:a]
radiator (de)	**радиатор**	[radiatɔr]
koelvloeistof (de)	**шело туху кочалла**	[ʃəlɔ tuhu kɔʧal:a]
ventilator (de)	**мохтухург**	[mɔhtuhurg]
accu (de)	**аккумулятор**	[ak:umuʎatɔr]
starter (de)	**стартер**	[starter]
contact (ontsteking)	**зажигани**	[zaʒigani]

bougie (de)	**латаен свеча**	[lataen swetʃa]
pool (de)	**клемма**	[klem:a]
positieve pool (de)	**плюс**	[plys]
negatieve pool (de)	**минус**	[minus]
zekering (de)	**предохранитель**	[predɔhraniteʎ]
luchtfilter (de)	**хlаваан фильтр**	[hava:n fiʎtr]
oliefilter (de)	**даьттан фильтр**	[dæt:an fiʎtr]
benzinefilter (de)	**ягоран фильтр**	[jagɔran fiʎtr]

150. Auto's. Botsing. Reparatie

auto-ongeval (het)	**авари**	[avari]
verkeersongeluk (het)	**некъан хилларг**	[neqhan hil:arg]
aanrijden (tegen een boom, enz.)	**кхета**	[qeta]
verongelukken (ww)	**доха**	[dɔha]
beschadiging (de)	**лазор**	[lazɔr]
heelhuids (bn)	**могуш-маьрша**	[mɔguʃ mærʃa]
kapot gaan (zijn gebroken)	**доха**	[dɔha]
sleeptouw (het)	**буксиран трос**	[buksiran trɔs]
lek (het)	**чеккхдаккхар**	[tʃek:dak:ar]
lekke krijgen (band)	**дассадала**	[das:adala]
oppompen (ww)	**дуса**	[dusa]
druk (de)	**тlаlам**	[taəam]
checken (controleren)	**хьажа**	[haʒa]
reparatie (de)	**таяр**	[tajar]
garage (de)	**таяран пхьалгlа**	[tajaran phalɣa]
wisselstuk (het)	**запчасть**	[zaptʃastʲ]
onderdeel (het)	**деталь**	[detaʎ]
bout (de)	**болт**	[bɔlt]
schroef (de)	**винт**	[wint]
moer (de)	**гайка**	[gajka]
sluitring (de)	**шайба**	[ʃajba]
kogellager (de/het)	**подшипник**	[pɔdʃipnik]
pijp (de)	**турба**	[turba]
pakking (de)	**прокладка**	[prɔkladka]
kabel (de)	**сара**	[sara]
dommekracht (de)	**домкрат**	[dɔmkrat]
moersleutel (de)	**гайкин догlа**	[gajkin dɔɣa]
hamer (de)	**жlов**	[ʒəɔv]
pomp (de)	**насос**	[nasɔs]
schroevendraaier (de)	**сетал**	[setal]
brandblusser (de)	**цlайойург**	[ʦhajojurg]
gevarendriehoek (de)	**аварии кхосаберг**	[avari: qɔsaberg]
afslaan (ophouden te werken)	**дlайов**	[dəajov]

uitvallen (het)	**сацор**	[satsɔr]
zijn gebroken	**дохо**	[dɔho]
oververhitten (ww)	**тlех дохдала**	[theh dɔhdala]
verstopt raken (ww)	**дукъадала**	[duqhadala]
bevriezen (autodeur, enz.)	**гlоро**	[ɣɔrɔ]
barsten (leidingen, enz.)	**эккха**	[ɛk:a]
druk (de)	**таlам**	[taəam]
niveau (bijv. olieniveau)	**барам**	[baram]
slap (de drijfriem is ~)	**гlийла**	[ɣi:la]
deuk (de)	**ведйина меттиг**	[wedjına met:ig]
geklop (vreemde geluiden)	**тата**	[tata]
barst (de)	**датlар**	[dathar]
kras (de)	**мацхар**	[matshar]

151. Auto's. Weg

weg (de)	**некъ**	[neqh]
snelweg (de)	**автонекъ**	[avtɔneqh]
autoweg (de)	**силам-некъ**	[silam neqh]
richting (de)	**агlо, тlедерзор**	[aɣɔ], [thederzɔr]
afstand (de)	**некъан бохалла**	[neqhan bɔhal:a]
brug (de)	**тlай**	[thaj]
parking (de)	**паркинг**	[parkiŋ]
plein (het)	**майда**	[majda]
verkeersknooppunt (het)	**гlонжагlа**	[ɣɔnʒaɣa]
tunnel (de)	**туннель**	[tuŋeʎ]
benzinestation (het)	**автозаправка**	[avtɔzapravka]
parking (de)	**машинаш дlахlиттайойла**	[maʃinaʃ dəahit:ajojla]
benzinepomp (de)	**бензоколонка**	[benzɔkɔlɔŋka]
garage (de)	**гараж**	[garaʒ]
tanken (ww)	**дотта**	[dɔt:a]
brandstof (de)	**ягорг**	[jagɔrg]
jerrycan (de)	**канистр**	[kanistr]
asfalt (het)	**асфальт**	[asfaʎt]
markering (de)	**билгало**	[bilgalɔ]
trottoirband (de)	**дийна дист**	[di:na dist]
geleiderail (de)	**керт**	[kert]
greppel (de)	**кювет**	[kywet]
vluchtstrook (de)	**некъан йист**	[neqhan jıst]
lichtmast (de)	**богlам**	[bɔɣam]
besturen (een auto ~)	**лело**	[lelɔ]
afslaan (naar rechts ~)	**дlадерза**	[dəaderza]
U-bocht maken (ww)	**духадерзар**	[duhaderzar]
achteruit (de)	**юханехьа дахар**	[juhaneha dahar]
toeteren (ww)	**сигнал етта**	[signal et:a]
toeter (de)	**аьзнийн сигнал**	[æzni:n signal]

vastzitten (in modder)	**диса**	[disɑ]
spinnen (wielen gaan ~)	**хьийзаш латта**	[hi:zɑʃ lɑt:ɑ]
uitzetten (ww)	**дӀадайа**	[dəɑdɑjɑ]
snelheid (de)	**сихалла**	[sihɑl:ɑ]
een snelheidsovertreding maken	**сихалла тӀехьа йаккха**	[sihɑl:ɑ thehɑ jɑk:ɑ]
bekeuren (ww)	**гӀуда тоха**	[ɣudɑ tɔhɑ]
verkeerslicht (het)	**светофор**	[swetɔfɔr]
rijbewijs (het)	**лелорхочун бакъонаш**	[lelɔrhɔʧun bɑqhɔnɑʃ]
overgang (de)	**дехьаволийла**	[dehɑvɔli:lɑ]
kruispunt (het)	**галморзе**	[gɑlmɔrze]
zebrapad (oversteekplaats)	**гӀашлойн дехьаволийла**	[ɣɑʃlɔjn dehɑvɔli:lɑ]
bocht (de)	**гола**	[gɔlɑ]
voetgangerszone (de)	**гӀашлойн зона**	[ɣɑʃlɔjn zɔnɑ]

MENSEN. GEBEURTENISSEN IN HET LEVEN

Gebeurtenissen in het leven

152. Vakanties. Evenement

feest (het)	**дезде**	[dezde]
nationale feestdag (de)	**къаьмнийн дезде**	[qhæmni:n dezde]
feestdag (de)	**деза де**	[deza de]
herdenken (ww)	**даздан**	[dazdan]
gebeurtenis (de)	**хилларг**	[hil:arg]
evenement (het)	**мероприяти**	[merɔprijati]
banket (het)	**той**	[tɔj]
receptie (de)	**тӀеэцар**	[thəɛtsar]
feestmaal (het)	**той**	[tɔj]
verjaardag (de)	**шо кхачар**	[ʃɔ qatʃar]
jubileum (het)	**юбилей**	[jubilej]
vieren (ww)	**билгалдаккха**	[bilgaldak:a]
Nieuwjaar (het)	**Керла шо**	[kerla ʃɔ]
Gelukkig Nieuwjaar!	**Керлачу шарца декъал дойла шу!**	[kerlatʃu ʃartsa deqhal dɔjla ʃu]
Kerstfeest (het)	**Рождество**	[rɔʒdestvɔ]
Vrolijk kerstfeest!	**Рождествоца декъал дойла шу!**	[rɔʒdestvɔtsa deqhal dɔjla ʃu]
kerstboom (de)	**керлачу шеран ёлка**	[kerlatʃu ʃəran ɜlka]
vuurwerk (het)	**салют**	[salyt]
bruiloft (de)	**ловзар**	[lɔvzar]
bruidegom (de)	**зуда ехна стаг**	[zuda ehna stag]
bruid (de)	**нускал**	[nuskal]
uitnodigen (ww)	**схьакхайкха**	[shaqajqa]
uitnodiging (de)	**кхайкхар**	[qajqar]
gast (de)	**хьаша**	[haʃa]
op bezoek gaan	**хьошалгӀа ваха**	[hɔʃalɣa vaha]
gasten verwelkomen	**хьешашна дуьхьалваха**	[heʃaʃna dyhalvaha]
geschenk, cadeau (het)	**совгӀат**	[sɔvɣat]
geven (iets cadeau ~)	**совгӀатна дала**	[sɔvɣatna dala]
geschenken ontvangen	**совгӀаташ схьаэца**	[sɔvɣataʃ shaətsa]
boeket (het)	**курс**	[kurs]
felicitaties (mv.)	**декъалдар**	[deqhaldar]
feliciteren (ww)	**декъалдан**	[deqhaldan]

wenskaart (de)	**декъалден открытка**	[deqhalden ɔtkrɪtkɑ]
een kaartje versturen	**открытка дlадахьийта**	[ɔtkrɪtkɑ dəɑdɑhi:tɑ]
een kaartje ontvangen	**открытка схьаэца**	[ɔtkrɪtkɑ shaəʦɑ]
toast (de)	**кад**	[kɑd]
aanbieden (een drankje ~)	**дала**	[dɑlɑ]
champagne (de)	**шампански**	[ʃɑmpɑnski]
plezier hebben (ww)	**сакъера**	[sɑqherɑ]
plezier (het)	**сакъерар**	[sɑqherɑr]
vreugde (de)	**хазахетар**	[hɑzɑhetɑr]
dans (de)	**хелхар**	[helhɑr]
dansen (ww)	**хелхадала**	[helhɑdɑlɑ]
wals (de)	**вальс**	[vɑʎs]
tango (de)	**танго**	[tɑŋɔ]

153. Begrafenissen. Begrafenis

kerkhof (het)	**кешнаш**	[keʃnɑʃ]
graf (het)	**каш**	[kɑʃ]
grafsteen (de)	**чурт**	[ʧurt]
omheining (de)	**керт**	[kert]
kapel (de)	**килс**	[kils]
dood (de)	**далар**	[dɑlɑr]
sterven (ww)	**дала**	[dɑlɑ]
overledene (de)	**велларг**	[wel:ɑrg]
rouw (de)	**lаьржа**	[əærʒɑ]
begraven (ww)	**дlадолла**	[dəɑdɔl:ɑ]
begrafenisonderneming (de)	**велчан ламаста ден бюро**	[welʧɑn lɑmɑstɑ den byrɔ]
begrafenis (de)	**тезет**	[tezet]
krans (de)	**кочар**	[kɔʧɑr]
doodskist (de)	**гроб**	[grɔb]
lijkwagen (de)	**катафалк**	[kɑtɑfɑlk]
lijkkleed (de)	**марчо**	[mɑrʧɔ]
urn (de)	**урна**	[urnɑ]
crematorium (het)	**крематорий**	[kremɑtɔri]
overlijdensbericht (het)	**некролог**	[nekrɔlɔg]
huilen (wenen)	**делха**	[delha]
snikken (huilen)	**делха**	[delha]

154. Oorlog. Soldaten

peloton (het)	**завод**	[zɑvɔd]
compagnie (de)	**рота**	[rɔtɑ]
regiment (het)	**полк**	[pɔlk]

leger (armee)	**эскар**	[ɛskar]
divisie (de)	**дивизи**	[diwizi]
sectie (de)	**тоба**	[tɔba]
troep (de)	**эскар**	[ɛskar]
soldaat (militair)	**салти**	[salti]
officier (de)	**эпсар**	[ɛpsar]
soldaat (rang)	**моrlapepa**	[mɔɣarera]
sergeant (de)	**сержант**	[serʒant]
luitenant (de)	**лейтенант**	[lejtenant]
kapitein (de)	**капитан**	[kapitan]
majoor (de)	**майор**	[major]
kolonel (de)	**полковник**	[pɔlkɔvnik]
generaal (de)	**инарла**	[inarla]
matroos (de)	**хlордахо**	[hɔrdaho]
kapitein (de)	**капитан**	[kapitan]
bootsman (de)	**боцман**	[bɔt͡sman]
artillerist (de)	**артиллерист**	[artil:erist]
valschermjager (de)	**десантхо**	[desantho]
piloot (de)	**кеманхо**	[kemanho]
stuurman (de)	**штурман**	[ʃturman]
mecanicien (de)	**механик**	[mehanik]
sappeur (de)	**сапёр**	[sapɜr]
parachutist (de)	**парашютхо**	[paraʃytho]
verkenner (de)	**талламхо**	[tal:amho]
scherpschutter (de)	**иччархо**	[it͡ʃarhɔ]
patrouille (de)	**патруль**	[patruʎ]
patrouilleren (ww)	**rlаролла дан**	[ɣarɔl:a dan]
wacht (de)	**rlарол**	[ɣarɔl]
krijger (de)	**эскархо**	[ɛskarhɔ]
held (de)	**турпалхо**	[turpalho]
heldin (de)	**турпалхо**	[turpalho]
patriot (de)	**патриот**	[patriɔt]
verrader (de)	**ямартхо**	[jamartho]
verraden (ww)	**ямартдала**	[jamartdala]
deserteur (de)	**деддарг**	[ded:arg]
deserteren (ww)	**дада**	[dada]
huurling (de)	**ялхо**	[jalho]
rekruut (de)	**керла бlахо**	[kerla bəaho]
vrijwilliger (de)	**лаамерниг**	[la:mernig]
gedode (de)	**дийнарг**	[di:narg]
gewonde (de)	**чов хилла**	[t͡ʃɔv hil:a]
krijgsgevangene (de)	**йийсархо**	[ji:sarhɔ]

155. Oorlog. Militaire acties. Deel 1

oorlog (de)	**тIом**	[thɔm]
oorlog voeren (ww)	**тIом бан**	[thɔm ban]
burgeroorlog (de)	**граждански тIом**	[graʒdanski thɔm]
achterbaks (bw)	**тешнабеххехь**	[teʃnabehkeh]
oorlogsverklaring (de)	**дIахьебан**	[dəaheban]
verklaren (de oorlog ~)	**хьебан**	[heban]
agressie (de)	**агресси**	[agres:i]
aanvallen (binnenvallen)	**тIелата**	[thelata]
binnenvallen (ww)	**дIалаца**	[dəalatsa]
invaller (de)	**дIалецархо**	[dəaletsarhɔ]
veroveraar (de)	**даккхархо**	[dak:arhɔ]
verdediging (de)	**дуьхьало, лардар**	[dyhalɔ], [lardar]
verdedigen (je land ~)	**дуьхьало ян, лардан**	[dyhalɔ jan], [lardan]
zich verdedigen (ww)	**дуьхьало ян**	[dyhalɔ jan]
vijand, tegenstander (de)	**мостагI**	[mɔstaɣ]
vijandelijk (bn)	**мостагIийн**	[mɔstaɣi:n]
strategie (de)	**стратеги**	[strategi]
tactiek (de)	**тактика**	[taktika]
order (de)	**омра**	[ɔmra]
bevel (het)	**буьйр**	[byjr]
bevelen (ww)	**омра дан**	[ɔmra dan]
opdracht (de)	**тIедиллар**	[thedil:ar]
geheim (bn)	**къайлаха**	[qhajlaha]
slag (de)	**латар**	[latar]
strijd (de)	**тIом**	[thɔm]
aanval (de)	**атака**	[ataka]
bestorming (de)	**штурм**	[ʃturm]
bestormen (ww)	**штурм ян**	[ʃturm jan]
bezetting (de)	**лацар**	[latsar]
aanval (de)	**тIелатар**	[thelatar]
in het offensief te gaan	**тIелета**	[theleta]
terugtrekking (de)	**юхадалар**	[juhadalar]
zich terugtrekken (ww)	**юхадала**	[juhadala]
omsingeling (de)	**го бар**	[gɔ bar]
omsingelen (ww)	**го бан**	[gɔ ban]
bombardement (het)	**бомбанаш еттар**	[bɔmbanaʃ et:ar]
een bom gooien	**бомб чукхосса**	[bɔmb ʧuqɔs:a]
bombarderen (ww)	**бомбанаш етта**	[bɔmbanaʃ et:a]
ontploffing (de)	**эккхар**	[ɛk:ar]
schot (het)	**ялар**	[jalar]
een schot lossen	**кхосса**	[qɔs:a]

schieten (het)	**кхийсар**	[qi:sɑr]
mikken op (ww)	**хьежо**	[heʒɔ]
aanleggen (een wapen ~)	**тӀехьажо**	[thehɑʒɔ]
treffen (doelwit ~)	**кхета**	[qetɑ]
zinken (tot zinken brengen)	**хи бухадахийта**	[hi buhadɑhi:tɑ]
kogelgat (het)	**Ӏуьрг**	[əyrg]
zinken (gezonken zijn)	**хи буха даха**	[hi buha dɑha]
front (het)	**фронт**	[frɔnt]
hinterland (het)	**тӀехье**	[thehe]
evacuatie (de)	**эвакуаци**	[ɛvɑkuɑʦi]
evacueren (ww)	**эвакуаци ян**	[ɛvɑkuɑʦi jɑn]
loopgraaf (de)	**окоп, траншей**	[ɔkɔp], [trɑnʃəj]
prikkeldraad (de)	**кӀохцал-сара**	[k:ɔhʦɑl sɑrɑ]
verdedigingsobstakel (het)	**дуьхьало**	[dyhɑlɔ]
wachttoren (de)	**чардакх**	[ʧɑrdɑq]
hospitaal (het)	**госпиталь**	[gɔspitɑʎ]
verwonden (ww)	**чов ян**	[ʧɔv jɑn]
wond (de)	**чов**	[ʧɔv]
gewonde (de)	**чов хилла**	[ʧɔv hil:ɑ]
gewond raken (ww)	**чов хила**	[ʧɔv hilɑ]
ernstig (~e wond)	**хала**	[halɑ]

156. Wapens

wapens (mv.)	**герз**	[gerz]
vuurwapens (mv.)	**долу герз**	[dɔlu gerz]
koude wapens (mv.)	**шийла герз**	[ʃi:lɑ gerz]
chemische wapens (mv.)	**химически герз**	[himiʧeski gerz]
kern-, nucleair (bn)	**ядеран**	[jɑderɑn]
kernwapens (mv.)	**ядеран герз**	[jɑderɑn gerz]
bom (de)	**бомба**	[bɔmbɑ]
atoombom (de)	**атоман бомба**	[ɑtɔmɑn bɔmbɑ]
pistool (het)	**тапча**	[tɑpʧɑ]
geweer (het)	**топ**	[tɔp]
machinepistool (het)	**автомат**	[ɑvtɔmɑt]
machinegeweer (het)	**пулемёт**	[pulemɜt]
loop (schietbuis)	**Ӏуьрг**	[əyrg]
loop (bijv. geweer met kortere ~)	**чӀижаргӀа**	[ʧhiʒɑrɣɑ]
kaliber (het)	**калибр**	[kɑlibr]
trekker (de)	**лаг**	[lɑg]
korrel (de)	**Ӏалашо**	[əɑlɑʃɔ]
magazijn (het)	**гӀутакх**	[ɣutɑq]
geweerkolf (de)	**хен**	[hen]
granaat (handgranaat)	**гранат**	[grɑnɑt]

explosieven (mv.)	**оькхкхург**	[øk:urg]
kogel (de)	**даьндарг**	[dændarg]
patroon (de)	**патарма**	[patarma]
lading (de)	**бустам**	[bustam]
ammunitie (de)	**тlеман гlирс**	[təeman ɣirs]
bommenwerper (de)	**бомбардировщик**	[bɔmbardirɔvɕik]
straaljager (de)	**истребитель**	[istrebiteʎ]
helikopter (de)	**вертолёт**	[wertɔlɜt]
afweergeschut (het)	**зенитка**	[zenitka]
tank (de)	**танк**	[taŋk]
kanon (tank met een ~ van 76 mm)	**йоккха топ**	[jok:a tɔp]
artillerie (de)	**артиллери**	[artil:eri]
aanleggen (een wapen ~)	**тlехьажо**	[thehaʒɔ]
projectiel (het)	**снаряд**	[snarʲad]
mortiergranaat (de)	**мина**	[mina]
mortier (de)	**миномёт**	[minɔmɜt]
granaatscherf (de)	**гериг**	[gerig]
duikboot (de)	**хи буха лела кема**	[hi buha lela kema]
torpedo (de)	**торпеда**	[tɔrpeda]
raket (de)	**ракета**	[raketa]
laden (geweer, kanon)	**дуза**	[duza]
schieten (ww)	**кхийса**	[qi:sa]
richten op (mikken)	**хьежо**	[heʒɔ]
bajonet (de)	**цхьамза**	[ʦhamza]
degen (de)	**шпага**	[ʃpaga]
sabel (de)	**тур**	[tur]
speer (de)	**гоьмукъ**	[gømuqh]
boog (de)	**секха lад**	[seqa əad]
pijl (de)	**пха**	[pha]
musket (de)	**мушкет**	[muʃket]
kruisboog (de)	**арбалет**	[arbalet]

157. Oude mensen

primitief (bn)	**духхьарлера**	[duharlera]
voorhistorisch (bn)	**историл хьалхара**	[istɔril halhara]
eeuwenoude (~ beschaving)	**мацахлера**	[maʦahlera]
Steentijd (de)	**Тlулган оьмар**	[thulgan ømar]
Bronstijd (de)	**бронзанан оьмар**	[brɔnzanan ømar]
IJstijd (de)	**шен зама**	[ʃən zama]
stam (de)	**тукхам**	[tuqam]
menseneter (de)	**нахбуург**	[nahbu:rg]
jager (de)	**таллархо**	[tal:arhɔ]
jagen (ww)	**талла эха**	[tal:a ɛha]

mammoet (de)	**мамонт**	[mamɔnt]
grot (de)	**хьех**	[heh]
vuur (het)	**цIе**	[ʦhe]
kampvuur (het)	**цIе**	[ʦhe]
rotstekening (de)	**тархаш тIера суьрташ**	[tarhaʃ thera syrtaʃ]
werkinstrument (het)	**къинхьегаман гIирс**	[qhinhegaman ɣirs]
speer (de)	**гоьмукъ**	[gømuqh]
stenen bijl (de)	**тIулгийн диг**	[thulgi:n dig]
oorlog voeren (ww)	**тIом бан**	[thɔm ban]
temmen (bijv. wolf ~)	**карaIамо**	[karaəamɔ]
idool (het)	**цIу**	[ʦhu]
aanbidden (ww)	**текъа**	[teqha]
bijgeloof (het)	**доьгIначух тешар**	[døɣnaʧuh teʃar]
ritueel (het)	**Iадат**	[əadat]
evolutie (de)	**эволюци**	[ɛvɔlyʦi]
ontwikkeling (de)	**кхиам**	[qiam]
verdwijning (de)	**дIадалар**	[dəadalar]
zich aanpassen (ww)	**дIадола**	[dəadɔla]
archeologie (de)	**археологи**	[arheolɔgi]
archeoloog (de)	**археолог**	[arheolɔg]
archeologisch (bn)	**археологин**	[arheolɔgin]
opgravingsplaats (de)	**ахкар**	[ahkar]
opgravingen (mv.)	**ахкар**	[ahkar]
vondst (de)	**карийнарг**	[kari:narg]
fragment (het)	**дакъа**	[daqha]

158. Middeleeuwen

volk (het)	**халкъ**	[halqh]
volkeren (mv.)	**адамаш**	[adamaʃ]
stam (de)	**тукхам**	[tuqam]
stammen (mv.)	**тукхамаш**	[tuqamaʃ]
barbaren (mv.)	**варварш**	[varvarʃ]
Galliërs (mv.)	**галлаш**	[gal:aʃ]
Goten (mv.)	**готаш**	[gɔtaʃ]
Slaven (mv.)	**славянаш**	[slavʲanaʃ]
Vikings (mv.)	**викинг**	[wikiŋ]
Romeinen (mv.)	**римлянаш**	[rimʎanaʃ]
Romeins (bn)	**римски**	[rimski]
Byzantijnen (mv.)	**византийцаш**	[wizanti:ʦaʃ]
Byzantium (het)	**Византи**	[wizanti]
Byzantijns (bn)	**византийн**	[wizanti:n]
keizer (bijv. Romeinse ~)	**император**	[imperatɔr]
opperhoofd (het)	**баьчча**	[bæʧa]
machtig (bn)	**нуьцкъала**	[nyʦqhala]

koning (de)	**паччахь**	[patʃah]
heerser (de)	**урхалча**	[urhaltʃa]
ridder (de)	**къонах**	[qhɔnah]
feodaal (de)	**феодал**	[feɔdal]
feodaal (bn)	**феодалийн**	[feɔdali:n]
vazal (de)	**вассал**	[vas:al]
hertog (de)	**герцог**	[gertsɔg]
graaf (de)	**граф**	[graf]
baron (de)	**барон**	[barɔn]
bisschop (de)	**епископ**	[episkɔp]
harnas (het)	**гӀагӀ**	[ɣaɣ]
schild (het)	**турс**	[turs]
zwaard (het)	**гӀалакх**	[ɣalaq]
vizier (het)	**цхар**	[tshar]
maliënkolder (de)	**гӀагӀ**	[ɣaɣ]
kruistocht (de)	**жӀаран тӀом**	[ʒəaran thɔm]
kruisvaarder (de)	**жӀархо**	[ʒəarhɔ]
gebied (bijv. bezette ~en)	**латта**	[lat:a]
aanvallen (binnenvallen)	**тӀелата**	[thelata]
veroveren (ww)	**даккха**	[dak:a]
innemen (binnenvallen)	**дӀалаца**	[dəalatsa]
bezetting (de)	**лацар**	[latsar]
bezet (bn)	**лаьцна**	[lætsna]
belegeren (ww)	**лаца**	[latsa]
inquisitie (de)	**Ӏазап латтор**	[əazap lat:ɔr]
inquisiteur (de)	**Ӏазап латторхо**	[əazap lat:ɔrhɔ]
foltering (de)	**Ӏазап**	[əazap]
wreed (bn)	**къиза**	[qhiza]
ketter (de)	**мунепакъ**	[munepaqh]
ketterij (de)	**мунепакъ-Ӏилма**	[munepaqh əilma]
zeevaart (de)	**хикема лелор**	[hikema lelɔr]
piraat (de)	**пират**	[pirat]
piraterij (de)	**пираталла**	[piratal:a]
enteren (het)	**абордаж**	[abɔrdaʒ]
buit (de)	**хӀонц**	[hɔnts]
schatten (mv.)	**хазна**	[hazna]
ontdekking (de)	**гучудаккхар**	[gutʃudak:ar]
ontdekken (bijv. nieuw land)	**гучудаккха**	[gutʃudak:a]
expeditie (de)	**экспедици**	[ɛkspeditsi]
musketier (de)	**мушкетёр**	[muʃketɜr]
kardinaal (de)	**кардинал**	[kardinal]
heraldiek (de)	**геральдика**	[geraʎdika]
heraldisch (bn)	**геральдически**	[geraʎditʃeski]

159. Leider. Baas. Autoriteiten

koning (de)	**паччахь**	[patʃah]
koningin (de)	**зуда-паччахь**	[zuda patʃah]
koninklijk (bn)	**паччахьан**	[patʃahan]
koninkrijk (het)	**паччахьалла**	[patʃahal:a]
prins (de)	**принц**	[prints]
prinses (de)	**принцесса**	[printses:a]
president (de)	**президент**	[patʃah]
vicepresident (de)	**вице-президент**	[witse prezident]
senator (de)	**сенатхо**	[senatho]
monarch (de)	**монарх**	[mɔnarh]
heerser (de)	**урхалча**	[urhaltʃa]
dictator (de)	**диктатор**	[diktatɔr]
tiran (de)	**Iазапхо**	[əazapho]
magnaat (de)	**магнат**	[magnat]
directeur (de)	**директор**	[direktɔr]
chef (de)	**куьйгалхо**	[kyjgalho]
beheerder (de)	**урхалхо**	[urhalho]
baas (de)	**хьаькам**	[hækam]
eigenaar (de)	**да**	[da]
hoofd (bijv. ~ van de delegatie)	**куьйгалхо**	[kyjgalho]
autoriteiten (mv.)	**хьаькамаш**	[hækamaʃ]
superieuren (mv.)	**хьаькамаш**	[hækamaʃ]
gouverneur (de)	**губернатор**	[gubernatɔr]
consul (de)	**консул**	[kɔnsul]
diplomaat (de)	**дипломат**	[diplɔmat]
burgemeester (de)	**мэр**	[mɛr]
sheriff (de)	**шериф**	[ʃərif]
keizer (bijv. Romeinse ~)	**император**	[imperatɔr]
tsaar (de)	**паччахь**	[patʃah]
farao (de)	**пирIон**	[pirəɔn]
kan (de)	**хан**	[han]

160. De wet overtreden. Criminelen. Deel 1

bandiet (de)	**талорхо**	[talɔrhɔ]
misdaad (de)	**зулам**	[zulam]
misdadiger (de)	**зуламхо**	[zulamho]
dief (de)	**къу**	[qhu]
stelen, diefstal (de)	**къола**	[qhɔla]
kidnappen (ww)	**лачкъо**	[latʃqhɔ]
kidnapping (de)	**лачкъор**	[latʃqhɔr]

kidnapper (de)	**лачкъийнарг**	[latʃqhi:narg]
losgeld (het)	**мах**	[mah]
eisen losgeld (ww)	**мехах схьаэцар**	[mehah shaətsar]
overvallen (ww)	**талор дан**	[talɔr dan]
overval (de)	**талор, талор дар**	[talɔr], [talɔr dar]
overvaller (de)	**талорхо**	[talɔrhɔ]
afpersen (ww)	**нуьцкъала даккха**	[nytsqhala dak:a]
afperser (de)	**даккха гIертарг**	[dak:a ɣertarg]
afpersing (de)	**нуьцкъала даккхар**	[nytsqhala dak:ar]
vermoorden (ww)	**ден**	[den]
moord (de)	**дер**	[der]
moordenaar (de)	**дийнарг**	[di:narg]
schot (het)	**ялар**	[jalar]
een schot lossen	**кхосса**	[qɔs:a]
neerschieten (ww)	**тоьпаца ден**	[tøpatsa den]
schieten (ww)	**кхийса**	[qi:sa]
schieten (het)	**кхийсар**	[qi:sar]
ongeluk (gevecht, enz.)	**хилларг**	[hil:arg]
gevecht (het)	**вовшахлатар**	[vɔvʃahlatar]
Help!	**ГIо дан кхайкха! Орца дала!**	[ɣɔ dan qajqa ɔrtsa dala]
slachtoffer (het)	**хIаллакъхилларг**	[hal:aqhil:arg]
beschadigen (ww)	**зен дан**	[zen dan]
schade (de)	**зен**	[zen]
lijk (het)	**дакъа**	[daqha]
zwaar (~ misdrijf)	**доккха**	[dɔk:a]
aanvallen (ww)	**тIелата**	[thelata]
slaan (iemand ~)	**етта**	[et:a]
in elkaar slaan (toetakelen)	**етта**	[et:a]
ontnemen (beroven)	**дIадаккха**	[dəadak:a]
steken (met een mes)	**урс хьакха**	[urs haqa]
verminken (ww)	**заьIап дан**	[zæəap dan]
verwonden (ww)	**чов ян**	[tʃɔv jan]
chantage (de)	**шантаж**	[ʃantaʒ]
chanteren (ww)	**шантаж ян**	[ʃantaʒ jan]
chanteur (de)	**шантажхо**	[ʃantaʒho]
afpersing (de)	**рэкет**	[rɛket]
afperser (de)	**рэкитхо**	[rɛkitho]
gangster (de)	**гангстер**	[gaŋster]
maffia (de)	**мафи**	[mafi]
kruimeldief (de)	**кисанан курхалча**	[kisanan kurhaltʃa]
inbreker (de)	**къу**	[qhu]
smokkelen (het)	**контрабанда**	[kɔntrabanda]
smokkelaar (de)	**контрабандхо**	[kɔntrabandho]
namaak (de)	**харц хIума дар**	[harts huma dar]
namaken (ww)	**тардан**	[tardan]
namaak-, vals (bn)	**харц**	[harts]

161. De wet overtreden. Criminelen. Deel 2

verkrachting (de)	**хьийзор**	[hi:zɔr]
verkrachten (ww)	**хьийзо**	[hi:zɔ]
verkrachter (de)	**ницкъбархо**	[nitsqhbarhɔ]
maniak (de)	**маньяк**	[maɲjak]
prostituee (de)	**кхахьпа**	[qahpa]
prostitutie (de)	**кхахьпалла**	[qahpal:a]
pooier (de)	**сутенёр**	[sutenɜr]
drugsverslaafde (de)	**наркоман**	[narkɔman]
drugshandelaar (de)	**наркотикаш йохкархо**	[narkɔtikaʃ johkarhɔ]
opblazen (ww)	**эккхийта**	[ɛk:i:ta]
explosie (de)	**эккхар**	[ɛk:ar]
in brand steken (ww)	**лато**	[latɔ]
brandstichter (de)	**цIетасархо**	[tshetasarhɔ]
terrorisme (het)	**терроризм**	[ter:ɔrizm]
terrorist (de)	**террорхо**	[ter:ɔrhɔ]
gijzelaar (de)	**закъалт**	[zaqhalt]
bedriegen (ww)	**Iехо**	[əeho]
bedrog (het)	**Iехор**	[əehor]
oplichter (de)	**хIилланча**	[hil:antʃa]
omkopen (ww)	**эца**	[ɛtsa]
omkoperij (de)	**эцар**	[ɛtsar]
smeergeld (het)	**кхаъ**	[qa]
vergif (het)	**дIовш**	[dəɔvʃ]
vergiftigen (ww)	**дIовш мало**	[dəɔvʃ malɔ]
vergif innemen (ww)	**дIовш мала**	[dəɔvʃ mala]
zelfmoord (de)	**ша-шен дар**	[ʃa ʃən dar]
zelfmoordenaar (de)	**ша-шен дийнарг**	[ʃa ʃən di:narg]
bedreigen (bijv. met een pistool)	**кхерам тийса**	[qeram ti:sa]
bedreiging (de)	**кхерор**	[qerɔr]
een aanslag plegen	**гIерта**	[ɣerta]
aanslag (de)	**гIортар**	[ɣɔrtar]
stelen (een auto)	**дIадига**	[dəadiga]
kapen (een vliegtuig)	**дIадига**	[dəadiga]
wraak (de)	**чIир**	[tʃhir]
wreken (ww)	**бекхам бан**	[beqam ban]
martelen (gevangenen)	**Iазап дан**	[əazap dan]
foltering (de)	**Iазап**	[əazap]
folteren (ww)	**Iазап дало**	[əazap dal:ɔ]
piraat (de)	**пират**	[pirat]
straatschender (de)	**хулиган**	[huligan]

gewapend (bn)	**герзан**	[gerzan]
geweld (het)	**ницкъ бар**	[nitsqh bar]
spionage (de)	**шпионаж**	[ʃpiɔnaʒ]
spioneren (ww)	**зен**	[zen]

162. Politie. Wet. Deel 1

gerecht (het)	**дов хаттар**	[dɔv hat:ar]
gerechtshof (het)	**суд**	[sud]
rechter (de)	**суьдхо**	[sydho]
jury (de)	**векалш**	[wekalʃ]
juryrechtspraak (de)	**векалашан суьд**	[wekalaʃan syd]
berechten (ww)	**суд ян**	[sud jan]
advocaat (de)	**хьехамча**	[hehamtʃa]
beklaagde (de)	**суьдерниг**	[sydernig]
beklaagdenbank (de)	**суьдерниган гӀант**	[sydernigan ɣant]
beschuldiging (de)	**бехкедар**	[behkedar]
beschuldigde (de)	**бехкевийриг**	[behkevi:rig]
vonnis (het)	**кхел**	[qel]
veroordelen (in een rechtszaak)	**кхел ян**	[qel jan]
schuldige (de)	**бехкениг**	[behkenig]
straffen (ww)	**таӀзар дан**	[taəzar dan]
bestraffing (de)	**таӀзар**	[taəzar]
boete (de)	**гӀуда**	[ɣuda]
levenslange opsluiting (de)	**валлалц чуволлар**	[val:alts tʃu:ɔl:ar]
doodstraf (de)	**ден суд ян**	[den sud jan]
elektrische stoel (de)	**электрически гӀант**	[ɛlektritʃeski ɣant]
schavot (het)	**тангӀалкх**	[tanɣalq]
executeren (ww)	**ден**	[den]
executie (de)	**ден суд яр**	[den sud jar]
gevangenis (de)	**набахте**	[nabahte]
cel (de)	**камера**	[kamera]
konvooi (het)	**кано**	[kanɔ]
gevangenisbewaker (de)	**тӀехьожург**	[thehɔʒurg]
gedetineerde (de)	**лаьцна стаг**	[lætsna stag]
handboeien (mv.)	**гӀоьмаш**	[ɣømaʃ]
handboeien omdoen	**гӀоьмаш йохка**	[ɣømaʃ johka]
ontsnapping (de)	**дадар**	[dadar]
ontsnappen (ww)	**дада**	[dada]
verdwijnen (ww)	**къайладала**	[qhajladala]
vrijlaten (uit de gevangenis)	**мукъадаккха**	[muqhadak:a]

amnestie (de)	**амнисти**	[amnisti]
politie (de)	**полици**	[pɔlitsi]
politieagent (de)	**полици**	[pɔlitsi]
politiebureau (het)	**полицин дакъа**	[pɔlitsin daqha]
knuppel (de)	**резинин чхьонкар**	[rezinin ʧhɔŋkar]
megafoon (de)	**рупор**	[rupɔr]
patrouilleerwagen (de)	**патрулан машина**	[patrulan maʃina]
sirene (de)	**сирена**	[sirena]
de sirene aansteken	**сирена лато**	[sirena latɔ]
geloei (het) van de sirene	**угӀар**	[uɣar]
plaats delict (de)	**хилла меттиг**	[hil:a met:ig]
getuige (de)	**теш**	[teʃ]
vrijheid (de)	**паргӀато**	[parɣatɔ]
handlanger (de)	**декъахо**	[deqhaho]
ontvluchten (ww)	**къайладала**	[qhajladala]
spoor (het)	**лар**	[lar]

163. Politie. Wet. Deel 2

opsporing (de)	**лахар**	[lahar]
opsporen (ww)	**леха**	[leha]
verdenking (de)	**шекьхилар**	[ʃəkʲhilar]
verdacht (bn)	**шеконан**	[ʃəkɔnan]
aanhouden (stoppen)	**сацо**	[satsɔ]
tegenhouden (ww)	**сацо**	[satsɔ]
strafzaak (de)	**дов**	[dɔv]
onderzoek (het)	**таллам**	[tal:am]
detective (de)	**детектив, лахарча**	[detektiv], [lahartʃa]
onderzoeksrechter (de)	**талламхо**	[tal:amho]
versie (de)	**верси**	[wersi]
motief (het)	**бахьана**	[bahana]
verhoor (het)	**ледар**	[ledar]
ondervragen (door de politie)	**ледан**	[ledan]
ondervragen (omstanders ~)	**ледан**	[ledan]
controle (de)	**хьажар**	[haʒar]
razzia (de)	**го бар**	[gɔ bar]
huiszoeking (de)	**хьажар**	[haʒar]
achtervolging (de)	**тӀаьхьадалар**	[thæhadalar]
achtervolgen (ww)	**тӀаьхьадаьлла лела**	[thæhadæl:a lela]
opsporen (ww)	**хьежа**	[heʒa]
arrest (het)	**лацар**	[latsar]
arresteren (ww)	**лаца**	[latsa]
vangen, aanhouden (een dief, enz.)	**схьалаца**	[shalatsa]
document (het)	**документ**	[dɔkument]
bewijs (het)	**тешам**	[teʃam]
bewijzen (ww)	**тешо**	[teʃɔ]

voetspoor (het)	**лар**	[lar]
vingerafdrukken (mv.)	**тӀелгийн таммагӀанаш**	[thelgi:n tam:aɣanaʃ]
bewijs (het)	**бахьана**	[bahana]
alibi (het)	**алиби**	[alibi]
onschuldig (bn)	**бехке доцу**	[behke dɔʦu]
onrecht (het)	**нийсо цахилар**	[ni:sɔ ʦahilar]
onrechtvaardig (bn)	**нийса доцу**	[ni:sa dɔʦu]
crimineel (bn)	**криминалан**	[kriminalan]
confisqueren (in beslag nemen)	**пачхьалкхдаккха**	[paʧhalqdak:a]
drug (de)	**наркотик**	[narkɔtik]
wapen (het)	**герз**	[gerz]
ontwapenen (ww)	**герз схьадаккха**	[gerz shadak:a]
bevelen (ww)	**омра дан**	[ɔmra dan]
verdwijnen (ww)	**къайладала**	[qhajladala]
wet (de)	**закон**	[zakɔn]
wettelijk (bn)	**законехь**	[zakɔneh]
onwettelijk (bn)	**законехь доцу**	[zakɔneh dɔʦu]
verantwoordelijkheid (de)	**жоьпалла**	[ʒøpal:a]
verantwoordelijk (bn)	**жоьпаллин**	[ʒøpal:in]

NATUUR

De Aarde. Deel 1

164. De kosmische ruimte

kosmos (de)	**космос**	[kɔsmɔs]
kosmisch (bn)	**космосан**	[kɔsmɔsan]
kosmische ruimte (de)	**космосан меттиг**	[kɔsmɔsan met:ig]
wereld (de)	**дуьне**	[dyne]
heelal (het)	**Іалам**	[əalam]
sterrenstelsel (het)	**галактика**	[galaktika]
ster (de)	**седа**	[seda]
sterrenbeeld (het)	**седарчий гулам**	[sedarʧi: gulam]
planeet (de)	**дуьне**	[dyne]
satelliet (de)	**спутник**	[sputnik]
meteoriet (de)	**метеорит**	[meteɔrit]
komeet (de)	**комета**	[kɔmeta]
asteroïde (de)	**астероид**	[asterɔid]
baan (de)	**орбита**	[ɔrbita]
draaien (om de zon, enz.)	**хьийза**	[hi:za]
atmosfeer (de)	**хІаваъ**	[hava]
Zon (de)	**Малх**	[malh]
zonnestelsel (het)	**Маьлхан система**	[mælhan sistema]
zonsverduistering (de)	**малх лацар**	[malh latsar]
Aarde (de)	**Латта**	[lat:a]
Maan (de)	**Бутт**	[but:]
Mars (de)	**Марс**	[mars]
Venus (de)	**Венера**	[wenera]
Jupiter (de)	**Юпитер**	[jupiter]
Saturnus (de)	**Сатурн**	[saturn]
Mercurius (de)	**Меркурий**	[merkuri:]
Uranus (de)	**Уран**	[uran]
Neptunus (de)	**Нептун**	[neptun]
Pluto (de)	**Плутон**	[plutɔn]
Melkweg (de)	**Ча таккхийна Тача**	[ʧa taqi:na taʧa]
Grote Beer (de)	**Ворх1 вешин ворх1 седа**	[vɔrh weʃin vɔrh seda]
Poolster (de)	**Къилбаседа**	[qhilbaseda]
marsmannetje (het)	**марсианин**	[marsianin]
buitenaards wezen (het)	**инопланетянин**	[inɔplanetʲanin]

bovenaards (het)	**пришелец**	[priʃəlels]
vliegende schotel (de)	**хIаваэхула лела тарелка**	[havaɛhula lela tarelka]
ruimtevaartuig (het)	**космосан кема**	[kɔsmɔsan kema]
ruimtestation (het)	**орбитин станци**	[ɔrbitin stantsi]
start (de)	**старт**	[start]
motor (de)	**двигатель**	[dwigateʎ]
straalpijp (de)	**сопло**	[sɔplɔ]
brandstof (de)	**ягорг**	[jagɔrg]
cabine (de)	**кабина**	[kabina]
antenne (de)	**антенна**	[anteŋa]
patrijspoort (de)	**иллюминатор**	[il:yminatɔr]
zonnebatterij (de)	**маьлхан батарей**	[mælhan batarej]
ruimtepak (het)	**скафандр**	[skafandr]
gewichtloosheid (de)	**йозалла яр**	[jozal:a jar]
zuurstof (de)	**кислород**	[kislɔrɔd]
koppeling (de)	**вовшахтасар**	[vɔvʃahtasar]
koppeling maken	**вовшахтасса**	[vɔvʃahtas:a]
observatorium (het)	**обсерватори**	[ɔbservatɔri]
telescoop (de)	**телескоп**	[teleskɔp]
waarnemen (ww)	**тергам бан**	[tergam ban]
exploreren (ww)	**талла**	[tal:a]

165. De Aarde

Aarde (de)	**Латта**	[lat:a]
aardbol (de)	**дуьне**	[dyne]
planeet (de)	**дуьне, планета**	[dyne], [planeta]
atmosfeer (de)	**атмосфера**	[atmɔsfera]
aardrijkskunde (de)	**географи**	[geɔgrafi]
natuur (de)	**Iалам**	[əalam]
wereldbol (de)	**глобус**	[glɔbus]
kaart (de)	**карта**	[karta]
atlas (de)	**атлас**	[atlas]
Europa (het)	**Европа**	[evrɔpa]
Azië (het)	**Ази**	[azi]
Afrika (het)	**Африка**	[afrika]
Australië (het)	**Австрали**	[avstrali]
Amerika (het)	**Америка**	[amerika]
Noord-Amerika (het)	**Къилбаседан Америка**	[qhilbasedan amerika]
Zuid-Amerika (het)	**Къилбера Америка**	[qhilbera amerika]
Antarctica (het)	**Антарктида**	[antarktida]
Arctis (de)	**Арктика**	[arktika]

166. Windrichtingen

noorden (het)	**къилбаседа**	[qhilbaseda]
naar het noorden	**къилбаседехьа**	[qhilbasedeha]
in het noorden	**къилбаседехь**	[qhilbasedeh]
noordelijk (bn)	**къилбаседан**	[qhilbasedan]
zuiden (het)	**къилбе**	[qhilbe]
naar het zuiden	**къилбехьа**	[qhilbeha]
in het zuiden	**къилбехь**	[qhilbeh]
zuidelijk (bn)	**къилбера**	[qhilbera]
westen (het)	**малхбузе**	[malhbuze]
naar het westen	**малхбузехьа**	[malhbuzeha]
in het westen	**малхбузехь**	[malhbuzeh]
westelijk (bn)	**малхбузера**	[malhbuzera]
oosten (het)	**малхбале**	[malhbale]
naar het oosten	**малхбалехьа**	[malhbaleha]
in het oosten	**малхбалехь**	[malhbaleh]
oostelijk (bn)	**малхбалехьара**	[malhbalehara]

167. Zee. Oceaan

zee (de)	**хlорд**	[hɔrd]
oceaan (de)	**хlорд, океан**	[hɔrd], [ɔkean]
golf (baai)	**айма**	[ajma]
straat (de)	**хидоькъе**	[hidøqhe]
grond (vaste grond)	**латта**	[lat:a]
continent (het)	**материк**	[materik]
eiland (het)	**гlайре**	[ɣajre]
schiereiland (het)	**ахгlайре**	[ahɣajre]
archipel (de)	**архипелаг**	[arhipelag]
baai, bocht (de)	**бухта**	[buhta]
haven (de)	**гавань**	[gavaɲ]
lagune (de)	**лагуна**	[laguna]
kaap (de)	**мара**	[mara]
atol (de)	**атолл**	[atɔl:]
rif (het)	**риф**	[rif]
koraal (het)	**маржак**	[marʒak]
koraalrif (het)	**маржанийн риф**	[marʒani:n rif]
diep (bn)	**кlоарга**	[k:ɔarga]
diepte (de)	**кlоргалла**	[k:ɔrgal:a]
diepzee (de)	**бух боцу lин**	[buh bɔtsu əin]
trog (bijv. Marianentrog)	**кlаг**	[k:ag]
stroming (de)	**дlаэхар**	[dəaəhar]
omspoelen (ww)	**го баьккхина хи хила**	[gɔ bæk:ina hi hila]
oever (de)	**хийист**	[hi:ist]

kust (de)	**йист**	[jɪst]
vloed (de)	**хlорд тlекхетар**	[hɔrd theqetar]
eb (de)	**хlорд чубожа боьлла**	[hɔrd ʧubɔʒa bøl:a]
ondiepte (ondiep water)	**гомхе**	[gɔmhe]
bodem (de)	**бух**	[buh]
golf (hoge ~)	**тулгlе**	[tulɣe]
golfkam (de)	**тулгlийн дукъ**	[tulɣi:n duqh]
schuim (het)	**чопа**	[ʧɔpa]
orkaan (de)	**мох балар**	[mɔh balar]
tsunami (de)	**цунами**	[ʦunami]
windstilte (de)	**штиль**	[ʃtiʎ]
kalm (bijv. ~e zee)	**тийна**	[ti:na]
pool (de)	**полюс**	[pɔlys]
polair (bn)	**полюсан**	[pɔlysan]
breedtegraad (de)	**шоралла**	[ʃɔral:a]
lengtegraad (de)	**дохалла**	[dɔhal:a]
parallel (de)	**параллель**	[paral:eʎ]
evenaar (de)	**экватор**	[ɛkvatɔr]
hemel (de)	**дуьне**	[dyne]
horizon (de)	**ана**	[ana]
lucht (de)	**хlаваъ**	[hava]
vuurtoren (de)	**маяк**	[majak]
duiken (ww)	**чулелха**	[ʧulelha]
zinken (ov. een boot)	**бухадаха**	[buhadaha]
schatten (mv.)	**хазна**	[hazna]

168. Bergen

berg (de)	**лам**	[lam]
bergketen (de)	**ламнийн моrlа**	[lamni:n mɔɣa]
gebergte (het)	**ламанан дукъ**	[lamanan duqh]
bergtop (de)	**бохь**	[bɔh]
bergpiek (de)	**бохь**	[bɔh]
voet (ov. de berg)	**кlажа**	[k:aʒa]
helling (de)	**басе**	[base]
vulkaan (de)	**тlаплам**	[thaplam]
actieve vulkaan (de)	**тlепинг**	[thepiŋ]
uitgedoofde vulkaan (de)	**байна тlаплам**	[bajna thaplam]
uitbarsting (de)	**хьалатохар**	[halatɔhar]
krater (de)	**кратер**	[krater]
magma (het)	**магма**	[magma]
lava (de)	**лава**	[lava]
gloeiend (~e lava)	**цlийдина**	[ʦhi:dina]
kloof (canyon)	**lин**	[əin]
bergkloof (de)	**чlож**	[ʧhɔʒ]

spleet (de)	**чӀаж**	[tʃhaʒ]
bergpas (de)	**ламанан дукъ**	[lamanan duqh]
plateau (het)	**акъари**	[aqhari]
klip (de)	**тарх**	[tarh]
heuvel (de)	**гу**	[gu]
gletsjer (de)	**ша-ор**	[ʃa ɔr]
waterval (de)	**чухчари**	[tʃuhtʃari]
geiser (de)	**гейзер**	[gejzer]
meer (het)	**Ӏам**	[əam]
vlakte (de)	**аре**	[are]
landschap (het)	**пейзаж**	[pejzaʒ]
echo (de)	**йилбазмохь**	[jılbazmɔh]
alpinist (de)	**алтпинист**	[altpinist]
bergbeklimmer (de)	**тархашхо**	[tarhaʃho]
trotseren (berg ~)	**карадало**	[karadalɔ]
beklimming (de)	**тӀедалар**	[thedalar]

169. Rivieren

rivier (de)	**доьду хи**	[dødu hi]
bron (~ van een rivier)	**хьост, шовда**	[hɔst], [ʃɔvda]
rivierbedding (de)	**харш**	[harʃ]
rivierbekken (het)	**бассейн**	[bas:ejn]
uitmonden in ...	**кхета**	[qeta]
zijrivier (de)	**га**	[ga]
oever (de)	**хийист**	[hi:ist]
stroming (de)	**дӀаэхар**	[dəaəhar]
stroomafwaarts (bw)	**хица охьа**	[hitsa ɔha]
stroomopwaarts (bw)	**хица хьала**	[hitsa hala]
overstroming (de)	**хи тӀедалар**	[hi thedalar]
overstroming (de)	**дестар**	[destar]
buiten zijn oevers treden	**деста**	[desta]
overstromen (ww)	**дӀахьулдан**	[dəahuldan]
zandbank (de)	**гомхалла**	[gɔmhal:a]
stroomversnelling (de)	**тарх**	[tarh]
dam (de)	**сунт**	[sunt]
kanaal (het)	**татол**	[tatɔl]
spaarbekken (het)	**латтийла**	[lat:i:la]
sluis (de)	**шлюз**	[ʃlyz]
waterlichaam (het)	**Ӏам**	[əam]
moeras (het)	**уьшал**	[yʃal]
broek (het)	**уьшал**	[yʃal]
draaikolk (de)	**айма**	[ajma]
stroom (de)	**татол**	[tatɔl]
drink- (abn)	**молу**	[mɔlu]

zoet (~ water)	**теза**	[teza]
IJs (het)	**ша**	[ʃa]
bevriezen (rivier, enz.)	**ша бан**	[ʃa ban]

170. Bos

bos (het)	**хьун**	[hun]
bos- (abn)	**хьунан**	[hunan]
oerwoud (dicht bos)	**варш**	[varʃ]
bosje (klein bos)	**боьлак**	[bølak]
open plek (de)	**ирзу**	[irzu]
struikgewas (het)	**коьллаш**	[køl:aʃ]
struiken (mv.)	**колл**	[kɔl:]
paadje (het)	**тача**	[tatʃa]
ravijn (het)	**боьра**	[døra]
boom (de)	**дитт**	[dit:]
blad (het)	**гӀа**	[ɣa]
gebladerte (het)	**гӀаш**	[ɣaʃ]
vallende bladeren (mv.)	**гӀа дожар**	[ɣa dɔʒar]
vallen (ov. de bladeren)	**охьа дожа**	[ɔha dɔʒa]
boomtop (de)	**бохь**	[bɔh]
tak (de)	**га**	[ga]
ent (de)	**га**	[ga]
knop (de)	**патар**	[patar]
naald (de)	**кӀохцалг**	[k:ɔhtsalg]
dennenappel (de)	**бӀар**	[bəar]
boom holte (de)	**хара**	[hara]
nest (het)	**бен**	[ben]
hol (het)	**Ӏуьрг**	[əyrg]
stam (de)	**гӀад**	[ɣad]
wortel (bijv. boom~s)	**орам**	[ɔram]
schors (de)	**кевстиг**	[kevstig]
mos (het)	**корсам**	[kɔrsam]
ontwortelen (een boom)	**бухдаккха**	[buhdak:a]
kappen (een boom ~)	**хьакха**	[haqa]
ontbossen (ww)	**хьакха**	[haqa]
stronk (de)	**юьхк**	[juhk]
kampvuur (het)	**цӀе**	[tshe]
bosbrand (de)	**цӀе**	[tshe]
blussen (ww)	**дӀадайа**	[dəadaja]
boswachter (de)	**хьуьнхо**	[hynho]
bescherming (de)	**лардар**	[lardar]
beschermen (bijv. de natuur ~)	**лардан**	[lardan]

stroper (de)	**браконьер**	[brakɔɲjer]
val (de)	**гура**	[gura]

plukken (vruchten, enz.)	**лахьо**	[lahɔ]
verdwalen (de weg kwijt zijn)	**тила**	[tila]

171. Natuurlijke hulpbronnen

natuurlijke rijkdommen (mv.)	**Іаламан тІаьхьалонаш**	[əalaman thæhalɔnaʃ]
delfstoffen (mv.)	**пайде маьІданаш**	[pajde mæədanaʃ]
lagen (mv.)	**маьІданаш**	[mæədanaʃ]
veld (bijv. olie~)	**маьІданаш дохку**	[mæədanaʃ dɔhku]

winnen (uit erts ~)	**даккха**	[dak:a]
winning (de)	**даккхар**	[dak:ar]
erts (het)	**маьІда**	[mæəda]
mijn (bijv. kolenmijn)	**маьІда доккхийла, шахта**	[mæəda dɔk:i:la], [ʃahta]
mijnschacht (de)	**шахта**	[ʃahta]
mijnwerker (de)	**кІорабаккхархо**	[k:ɔrabak:arhɔ]

gas (het)	**газ**	[gaz]
gasleiding (de)	**газъюьгург**	[gaz^{h}jugurg]

olie (aardolie)	**нефть**	[neft^{j}]
olieleiding (de)	**нефтьузург**	[neft^{j}uzurg]
oliebron (de)	**нефтан чардакх**	[neftan ʧardaq]
boortoren (de)	**буру туху вышка**	[buru tuhu vɪʃka]
tanker (de)	**танкер**	[taŋker]

zand (het)	**гІум**	[ɣum]
kalksteen (de)	**кир-маьІда**	[kir mæəda]
grind (het)	**жагІа**	[ʒaɣa]
veen (het)	**Іеха**	[əeha]
klei (de)	**поппар**	[pɔp:ar]
steenkool (de)	**кІора**	[k:ɔra]

IJzer (het)	**эчиг**	[ɛʧig]
goud (het)	**деши**	[deʃi]
zilver (het)	**дети**	[deti]
nikkel (het)	**никель**	[nikeʎ]
koper (het)	**цІаста**	[ʦhasta]

zink (het)	**цинк**	[ʦiŋk]
mangaan (het)	**марганец**	[marganeʦ]
kwik (het)	**гинсу**	[ginsu]
lood (het)	**даш**	[daʃ]

mineraal (het)	**минерал**	[mineral]
kristal (het)	**кристалл**	[kristal:]
marmer (het)	**шагатІулг**	[ʃagathulg]
uraan (het)	**уран**	[uran]

De Aarde. Deel 2

172. Weer

weer (het)	**хенан хIоттам**	[henan hɔt:am]
weersvoorspelling (de)	**хенан хIоттаман прогноз**	[henan hɔt:aman prɔgnɔz]
temperatuur (de)	**температура**	[temperatura]
thermometer (de)	**термометр**	[termɔmetr]
barometer (de)	**барометр**	[barɔmetr]
vochtigheid (de)	**тIуьнан**	[thynan]
hitte (de)	**йовхо**	[jovho]
heet (bn)	**довха**	[dɔvha]
het is heet	**йовха**	[jovha]
het is warm	**йовха**	[jovha]
warm (bn)	**довха**	[dɔvha]
het is koud	**шийла**	[ʃi:la]
koud (bn)	**шийла**	[ʃi:la]
zon (de)	**малх**	[malh]
schijnen (de zon)	**кхета**	[qeta]
zonnig (~e dag)	**маьлхан**	[mælhan]
opgaan (ov. de zon)	**схьакхета**	[shaqeta]
ondergaan (ww)	**чубуза**	[ʧubuza]
wolk (de)	**марха**	[marha]
bewolkt (bn)	**мархаш йолу**	[marhaʃ jolu]
regenwolk (de)	**марха**	[marha]
somber (bn)	**кхоьлина**	[qølina]
regen (de)	**догIа**	[dɔɣa]
het regent	**догIа догIу**	[dɔɣa dɔɣu]
regenachtig (bn)	**догIане**	[dɔɣane]
motregenen (ww)	**серса**	[sersa]
plensbui (de)	**кхевсина догIа**	[qevsina dɔɣa]
stortbui (de)	**догIа**	[dɔɣa]
hard (bn)	**чIогIа**	[ʧhɔɣa]
plas (de)	**Iам**	[əam]
nat worden (ww)	**тIадо**	[thadɔ]
mist (de)	**дохк**	[dɔhk]
mistig (bn)	**дохк долу**	[dɔhk dɔlu]
sneeuw (de)	**ло**	[lɔ]
het sneeuwt	**ло догIу**	[lɔ dɔɣu]

173. Zwaar weer. Natuurrampen

noodweer (storm)	**йочана**	[joʧana]
bliksem (de)	**ткъес**	[tqhes]
flitsen (ww)	**стега**	[stega]
donder (de)	**стигал къовкъар**	[stigal qhɔvqhar]
donderen (ww)	**къекъа**	[qheqha]
het dondert	**стигал къекъа**	[stigal qheqha]
hagel (de)	**къора**	[qhɔra]
het hagelt	**къора йогӀу**	[qhɔra joɣu]
overstromen (ww)	**дӀахьулдан**	[dəahuldan]
overstroming (de)	**хи тӀедалар**	[hi thedalar]
aardbeving (de)	**мохк бегор**	[mɔhk begɔr]
aardschok (de)	**дегар**	[degar]
epicentrum (het)	**эпицентр**	[ɛpiʦentr]
uitbarsting (de)	**хьалатохар**	[halatɔhar]
lava (de)	**лава**	[lava]
wervelwind (de)	**йилбазмох**	[jɪlbazmɔh]
windhoos (de)	**торнадо**	[tɔrnadɔ]
tyfoon (de)	**тайфун**	[tajfun]
orkaan (de)	**мох балар**	[mɔh balar]
storm (de)	**дарц**	[darʦ]
tsunami (de)	**цунами**	[ʦunami]
cycloon (de)	**дарц**	[darʦ]
onweer (het)	**йочана**	[joʧana]
brand (de)	**цӀе**	[ʦhe]
ramp (de)	**катастрофа**	[katastrɔfa]
meteoriet (de)	**метеорит**	[meteɔrit]
lawine (de)	**хьаьтт**	[hæt:]
sneeuwverschuiving (de)	**чухарцар**	[ʧuharʦar]
sneeuwjacht (de)	**дарц**	[darʦ]
sneeuwstorm (de)	**дарц**	[darʦ]

Fauna

174. Zoogdieren. Roofdieren

roofdier (het)	**гӀира экха**	[ɣira ɛqa]
tijger (de)	**цӀоькъалом**	[ʦhøqhalɔm]
leeuw (de)	**лом**	[lɔm]
wolf (de)	**борз**	[bɔrz]
vos (de)	**цхьогал**	[ʦhɔgal]
jaguar (de)	**ягуар**	[jaguar]
luipaard (de)	**леопард**	[leɔpard]
jachtluipaard (de)	**гепард**	[gepard]
panter (de)	**пантера**	[pantera]
poema (de)	**пума**	[puma]
sneeuwluipaard (de)	**лайн цӀокъ**	[lajn ʦhɔqh]
lynx (de)	**акха цициг**	[aqa ʦiʦig]
coyote (de)	**койот**	[kɔjot]
jakhals (de)	**чаг1алкх**	[ʧaɣalq]
hyena (de)	**чаг1алкх**	[ʧaɣalq]

175. Wilde dieren

dier (het)	**дийнат**	[di:nat]
beest (het)	**экха**	[ɛqa]
eekhoorn (de)	**тарсал**	[tarsal]
egel (de)	**зу**	[zu]
haas (de)	**пхьагал**	[phagal]
konijn (het)	**кролик**	[krɔlik]
das (de)	**дaӀам**	[daəam]
wasbeer (de)	**акха жӀаьла**	[aqa ʒəæla]
hamster (de)	**оьпа**	[øpa]
marmot (de)	**дӀам**	[dəam]
mol (de)	**боьлкъазар**	[bølqhazar]
muis (de)	**дахка**	[dahka]
rat (de)	**мукадахка**	[mukadahka]
vleermuis (de)	**бирдолаг**	[birdɔlag]
hermelijn (de)	**горностай**	[gɔrnɔstaj]
sabeldier (het)	**салор**	[salɔr]
marter (de)	**салор**	[salɔr]
wezel (de)	**дингад**	[diŋad]
nerts (de)	**норка**	[nɔrka]

bever (de)	**бобр**	[bɔbr]
otter (de)	**хешт**	[heʃt]
paard (het)	**говр**	[gɔvr]
eland (de)	**боккха сай**	[bɔqɑ sɑj]
hert (het)	**сай**	[sɑj]
kameel (de)	**эмкал**	[ɛmkɑl]
bizon (de)	**бизон**	[bizɔn]
oeros (de)	**була**	[bulɑ]
buffel (de)	**гомаш-буга**	[gɔmɑʃ bugɑ]
zebra (de)	**зебр**	[zebrɑ]
antilope (de)	**антилопа**	[ɑntilɔpɑ]
ree (de)	**лу**	[lu]
damhert (het)	**шоькkари**	[ʃøk:ɑri]
gems (de)	**масар**	[mɑsɑr]
everzwijn (het)	**нал**	[nɑl]
walvis (de)	**кит**	[kit]
rob (de)	**тюлень**	[tyleɲ]
walrus (de)	**морж**	[mɔrʒ]
zeehond (de)	**котик**	[kɔtik]
dolfijn (de)	**дельфин**	[deʎfin]
beer (de)	**ча**	[ʧɑ]
IJsbeer (de)	**кlайн ча**	[k:ɑjn ʧɑ]
panda (de)	**панда**	[pɑndɑ]
aap (de)	**маймал**	[mɑjmɑl]
chimpansee (de)	**шимпанзе**	[ʃimpɑnze]
orang-oetan (de)	**орангутанг**	[ɔrɑŋutɑŋ]
gorilla (de)	**горилла**	[gɔril:ɑ]
makaak (de)	**макака**	[mɑkɑkɑ]
gibbon (de)	**гиббон**	[gib:ɔn]
olifant (de)	**пийл**	[pi:l]
neushoorn (de)	**мермаlа**	[mermɑəɑ]
giraffe (de)	**жираф**	[ʒirɑf]
nijlpaard (het)	**бегемот**	[begemɔt]
kangoeroe (de)	**кенгуру**	[keŋuru]
koala (de)	**коала**	[kɔɑlɑ]
mangoest (de)	**мангуст**	[mɑŋust]
chinchilla (de)	**шиншилла**	[ʃinʃil:ɑ]
stinkdier (het)	**скунс**	[skuns]
stekelvarken (het)	**дикобраз**	[dikɔbrɑz]

176. Huisdieren

poes (de)	**цициг**	[ʦiʦig]
kater (de)	**цициг**	[ʦiʦig]
paard (het)	**говр**	[gɔvr]

hengst (de)	**айгlар**	[ajɣar]
merrie (de)	**кхела**	[qela]
koe (de)	**етта**	[et:a]
stier (de)	**сту**	[stu]
os (de)	**сту**	[stu]
schaap (het)	**жий**	[ʒi:]
ram (de)	**уьстагl**	[ystaɣ]
geit (de)	**газа**	[gaza]
bok (de)	**бож**	[bɔʒ]
ezel (de)	**вир**	[wir]
muilezel (de)	**бlарза**	[bəarza]
varken (het)	**хьакха**	[haqa]
biggetje (het)	**хуьрсик**	[hyrsik]
konijn (het)	**кролик**	[krɔlik]
kip (de)	**котам**	[kɔtam]
haan (de)	**боргlал**	[bɔrɣal]
eend (de)	**бад**	[bad]
woerd (de)	**нlаьна-бад**	[nəæna bad]
gans (de)	**гlаз**	[ɣaz]
kalkoen haan (de)	**москал-нlаьна**	[mɔskal nəæna]
kalkoen (de)	**москал-котам**	[mɔskal kɔtam]
huisdieren (mv.)	**цlера дийнаташ**	[ʦhera di:nataʃ]
tam (bijv. hamster)	**каралaмийна**	[karaəami:na]
temmen (tam maken)	**каралaмо**	[karaəamɔ]
fokken (bijv. paarden ~)	**лело**	[lelɔ]
boerderij (de)	**ферма**	[ferma]
gevogelte (het)	**зlакардаьхний**	[zəakardæhni:]
rundvee (het)	**хьайбанаш**	[hajbanaʃ]
kudde (de)	**бажа**	[baʒa]
paardenstal (de)	**божал**	[bɔʒal]
zwijnenstal (de)	**хьакхарчийн божал**	[haqarʧi:n bɔʒal]
koeienstal (de)	**божал**	[bɔʒal]
konijnenhok (het)	**кроликийн бун**	[krɔliki:n bun]
kippenhok (het)	**котаман бун**	[kɔtaman bun]

177. Honden. Hondenrassen

hond (de)	**жlаьла**	[ʒəæla]
herdershond (de)	**жен жlаьла**	[ʒen ʒəæla]
poedel (de)	**пудель**	[pudeʎ]
teckel (de)	**такса**	[taksa]
buldog (de)	**бульдог**	[buʎdɔg]
boxer (de)	**боксёр**	[bɔksɜr]

mastiff (de)	**мастиф**	[mastif]
rottweiler (de)	**ротвейлер**	[rɔtwejler]
doberman (de)	**доберман**	[dɔberman]
basset (de)	**бассет**	[bas:et]
bobtail (de)	**бобтейл**	[bɔbtejl]
dalmatièr (de)	**далматинец**	[dalmatinets]
cockerspanièl (de)	**кокер-спаниель**	[kɔker spanieʎ]
newfoundlander (de)	**ньюфаундленд**	[ɲjyfaundlend]
sint-bernard (de)	**сенбернар**	[senbernar]
poolhond (de)	**хаски**	[haski]
chowchow (de)	**чау-чау**	[ʧau ʧau]
spits (de)	**кӀезалг**	[k:ezalg]
mopshond (de)	**мопс**	[mɔps]

178. Dierengeluiden

geblaf (het)	**гӀалх**	[ɣalh]
blaffen (ww)	**гӀалх дан**	[ɣalh dan]
miauwen (ww)	**Ӏаха**	[əaha]
spinnen (katten)	**мур дан**	[mur dan]
loeien (ov. een koe)	**Ӏеха**	[əeha]
brullen (stier)	**Ӏеха**	[əeha]
grommen (ov. de honden)	**гӀигӀ дан**	[ɣiɣ dan]
gehuil (het)	**угӀар**	[uɣar]
huilen (wolf, enz.)	**угӀа**	[uɣa]
janken (ov. een hond)	**цӀовза**	[tshɔvza]
mekkeren (schapen)	**Ӏеха**	[əeha]
knorren (varkens)	**хур-хур дан**	[hur hur dan]
gillen (bijv. varken)	**цӀовза**	[tshɔvza]
kwaken (kikvorsen)	**вакъ-вакъ баха**	[vaqh vaqh baha]
zoemen (hommel, enz.)	**зуз дан**	[zuz dan]
tjirpen (sprinkhanen)	**чӀа-чӀа дан**	[ʧha ʧha dan]

179. Vogels

vogel (de)	**олхазар**	[ɔlhazar]
duif (de)	**кхокха**	[qɔqa]
mus (de)	**хьоза**	[hɔza]
koolmees (de)	**цӀирцӀирхьоза**	[tshirtshirhɔza]
ekster (de)	**къорза къиг**	[qhɔrza qhig]
raaf (de)	**хьаргӀа**	[harɣa]
kraai (de)	**къиг**	[qhig]
kauw (de)	**жагӀжагӀа**	[ʒaɣʒaɣa]
roek (de)	**човка**	[ʧɔvka]

eend (de)	бад	[bɑd]
gans (de)	гӀаз	[ɣɑz]
fazant (de)	акха котам	[ɑqɑ kɔtɑm]

arend (de)	аьрзу	[ærzu]
havik (de)	куьйра	[kyjrɑ]
valk (de)	леча	[letʃɑ]
gier (de)	ломъаьрзу	[lɔmʰærzu]
condor (de)	кондор	[kɔndɔr]

zwaan (de)	гӀургӀаз	[ɣurɣɑz]
kraanvogel (de)	гӀаргӀули	[ɣɑrɣuli]
ooievaar (de)	чӀерийдохург	[tʃheri:dɔhurg]
papegaai (de)	тоти	[tɔti]
kolibrie (de)	колибри	[kɔlibri]
pauw (de)	тӀаус	[thɑus]

struisvogel (de)	страус	[strɑus]
reiger (de)	чӀерийлоьцург	[tʃheri:løtsurg]
flamingo (de)	фламинго	[flɑmiŋɔ]
pelikaan (de)	пеликан	[pelikɑn]

nachtegaal (de)	зарзар	[zɑrzɑr]
zwaluw (de)	чӀерлардиг	[tʃheɣɑrdig]
lijster (de)	шоршал	[ʃɔrʃɑl]
zanglijster (de)	дека шоршал	[dekɑ ʃɔrʃɑl]
merel (de)	Ӏаьржа шоршал	[əærʒɑ ʃɔrʃɑl]

gierzwaluw (de)	мерцхалдиг	[mertshɑldig]
leeuwerik (de)	нӀаьвла	[nəævlɑ]
kwartel (de)	лекъ	[leqh]

specht (de)	хенакӀур	[henɑk:ur]
koekoek (de)	хӀуттут	[hut:ut]
uil (de)	бухӀа	[buhɑ]
oehoe (de)	соька	[søkɑ]
auerhoen (het)	къоракуота	[qhɔrɑkuɔtɑ]
korhoen (het)	акха котам	[ɑqɑ kɔtɑm]
patrijs (de)	моша	[mɔʃɑ]

spreeuw (de)	алкханч	[ɑlqɑntʃ]
kanarie (de)	можа хьоза	[mɔʒɑ hɔzɑ]
hazelhoen (het)	акха котам	[ɑqɑ kɔtɑm]
vink (de)	хьуьнан хьоза	[hynɑn hɔzɑ]
goudvink (de)	лайн хьоза	[lɑjn hɔzɑ]

meeuw (de)	чайка	[tʃɑjkɑ]
albatros (de)	альбатрос	[aʎbɑtrɔs]
pinguïn (de)	пингвин	[piŋwin]

180. Vogels. Zingen en geluiden

| fluiten, zingen (ww) | дека | [dekɑ] |
| schreeuwen (dieren, vogels) | мохь бетта | [mɔh bet:ɑ] |

| kraaien (ov. een haan) | кхайкха | [qɑjqɑ] |
| kukeleku | Іуьl Іаре-Іуь | [əyə əɑre əy] |

klokken (hen)	кІа-кІа дан	[kːɑ kːɑ dɑn]
krassen (kraai)	къа-къа дан	[qhɑ qhɑ dɑn]
kwaken (eend)	вакъ-вакъ баха	[vɑqh vɑqh bɑhɑ]
piepen (kuiken)	цІийза	[ʦhiːzɑ]
tjilpen (bijv. een mus)	гІир-гІир дан	[ɣir ɣir dɑn]

181. Vis. Zeedieren

brasem (de)	чабакх-чІара	[ʧɑbɑq ʧhɑrɑ]
karper (de)	карп	[kɑrp]
baars (de)	окунь	[ɔkuɲ]
meerval (de)	яй	[jɑj]
snoek (de)	гІазкхийн чІара	[ɣɑzqiːn ʧhɑrɑ]

| zalm (de) | лосось | [lɔsɔsʲ] |
| steur (de) | цІен чІара | [ʦhen ʧhɑrɑ] |

| haring (de) | сельдь | [seʎdʲ] |
| atlantische zalm (de) | сёмга | [sɜmgɑ] |

| makreel (de) | скумбри | [skumbri] |
| platvis (de) | камбала | [kɑmbɑlɑ] |

| snoekbaars (de) | судак | [sudɑk] |
| kabeljauw (de) | треска | [treskɑ] |

| tonijn (de) | тунец | [tuneʦ] |
| forel (de) | бакъ чІара | [bɑqh ʧhɑrɑ] |

| paling (de) | жІаьлин чІара | [ʒəælin ʧhɑrɑ] |
| sidderrog (de) | электрически скат | [ɛlektriʧeski skɑt] |

| murene (de) | мурена | [murenɑ] |
| piranha (de) | пиранья | [pirɑɲjɑ] |

haai (de)	гІоркхма	[ɣɔrqmɑ]
dolfijn (de)	дельфин	[deʎfin]
walvis (de)	кит	[kit]

krab (de)	краб	[krɑb]
kwal (de)	медуза	[meduzɑ]
octopus (de)	бархІкогберг	[bɑrhkɔgberg]

zeester (de)	хІордан седа	[hɔrdɑn sedɑ]
zee-egel (de)	хІордан зу	[hɔrdɑn zu]
zeepaardje (het)	хІордан говр	[hɔrdɑn gɔvr]

oester (de)	устрица	[ustriʦɑ]
garnaal (de)	креветка	[krewetkɑ]
kreeft (de)	омар	[ɔmɑr]
langoest (de)	лангуст	[lɑɲust]

182. Amfibieën. Reptielen

slang (de)	**лаьхьа**	[læha]
giftig (slang)	**дlаьвше**	[dəævʃə]
adder (de)	**лаьхьа**	[læha]
cobra (de)	**кобра**	[kɔbra]
python (de)	**питон**	[pitɔn]
boa (de)	**саьрмикъ**	[særmiqh]
ringslang (de)	**вотангар**	[vɔtaŋar]
ratelslang (de)	**шов ден лаьхьа**	[ʃɔv den læha]
anaconda (de)	**анаконда**	[anakɔnda]
hagedis (de)	**моьлкъа**	[mølqha]
leguaan (de)	**игуана**	[iguana]
varaan (de)	**варан**	[varan]
salamander (de)	**саламандра**	[salamandra]
kameleon (de)	**хамелион**	[hameliɔn]
schorpioen (de)	**скорпион**	[skɔrpiɔn]
schildpad (de)	**уьнтlапхьид**	[ynthaphid]
kikker (de)	**пхьид**	[phid]
pad (de)	**бецан пхьид**	[betsan phid]
krokodil (de)	**саьрмикъ**	[særmiqh]

183. Insecten

insect (het)	**сагалмат**	[sagalmat]
vlinder (de)	**полла**	[pɔl:a]
mier (de)	**зингат**	[ziŋat]
vlieg (de)	**моза**	[mɔza]
mug (de)	**чуьрк**	[ʧyrk]
kever (de)	**чхьаьвриг**	[ʧhævrig]
wesp (de)	**зlуга**	[zəuga]
bij (de)	**накхармоза**	[naqarmɔza]
hommel (de)	**бумбари**	[bumbari]
horzel (de)	**тlод**	[thɔd]
spin (de)	**гезг**	[gezg]
spinnenweb (het)	**гезгмаша**	[gezgmaʃa]
libel (de)	**шайтlанан дин**	[ʃajthanan din]
sprinkhaan (de)	**цlаьпцалг**	[ʦhæpʦalg]
nachtvlinder (de)	**полла**	[pɔl:a]
kakkerlak (de)	**чхьаьвриг**	[ʧhævrig]
mijt (de)	**веччалг**	[weʧalg]
vlo (de)	**сагал**	[sagal]
kriebelmug (de)	**пхьажбуург**	[phaʒbu:rg]
treksprinkhaan (de)	**цlоз**	[ʦhɔz]
slak (de)	**этмаьlиг**	[ɛtmæəig]

krekel (de)	**цаьпцалг**	[tsæptsalg]
glimworm (de)	**бумбари**	[bumbari]
lieveheersbeestje (het)	**дедо**	[dedɔ]
meikever (de)	**бумбари**	[bumbari]
bloedzuiger (de)	**цӀубдар**	[tshubdar]
rups (de)	**нӀаьвцициг**	[nəævtsitsig]
aardworm (de)	**нӀаьна**	[nəæna]
larve (de)	**нӀаьна**	[nəæna]

184. Dieren. Lichaamsdelen

snavel (de)	**зӀок**	[zəɔk]
vleugels (mv.)	**тӀемаш**	[themaʃ]
poot (ov. een vogel)	**ког**	[kɔg]
verenkleed (het)	**мас ялар**	[mas jalar]
veer (de)	**пелаг**	[pelag]
kuifje (het)	**жима кӀужал**	[ʒima k:uʒal]
kieuwen (mv.)	**жӀараш**	[ʒəaraʃ]
kuit, dril (de)	**зирх**	[zirh]
larve (de)	**нӀаьвцициг**	[nəævtsitsig]
vin (de)	**пелаг**	[pelag]
schubben (mv.)	**пелаг**	[pelag]
slagtand (de)	**пхьарцерг**	[phartserg]
poot (bijv. ~ van een kat)	**тӀод**	[thɔd]
muil (de)	**муцӀар**	[mutshar]
bek (mond van dieren)	**бага**	[baga]
staart (de)	**цӀога**	[tshɔga]
snorharen (mv.)	**мекхаш**	[meqaʃ]
hoef (de)	**берг**	[berg]
hoorn (de)	**маӀа**	[maəa]
schild (schildpad, enz.)	**у**	[u]
schelp (de)	**лахьорч**	[lahɔrtʃ]
eierschaal (de)	**чкъуьйриг**	[tʃqhyjrig]
vacht (de)	**тӀаргӀа**	[tharɣa]
huid (de)	**цӀока**	[tshɔka]

185. Dieren. Leefomgevingen

leefgebied (het)	**дахаран хьал**	[daharan hal]
migratie (de)	**миграци**	[migratsi]
berg (de)	**лам**	[lam]
rif (het)	**риф**	[rif]
klip (de)	**тарх**	[tarh]
bos (het)	**хьун**	[hun]
jungle (de)	**джунглеш**	[dʒuŋleʃ]

savanne (de)	**саванна**	[savaŋa]
toendra (de)	**тундра**	[tundra]
steppe (de)	**аре**	[are]
woestijn (de)	**гlум-аре**	[ɣum are]
oase (de)	**оазис**	[ɔazis]
zee (de)	**хlорд**	[hɔrd]
meer (het)	**lам**	[əam]
oceaan (de)	**хlорд, океан**	[hɔrd], [ɔkean]
moeras (het)	**уьшал**	[yʃal]
zoetwater- (abn)	**тезачу хин**	[tezaʧu hin]
vijver (de)	**lам**	[əam]
rivier (de)	**доьду хи**	[dødu hi]
berenhol (het)	**чен бен**	[ʧen ben]
nest (het)	**бен**	[ben]
boom holte (de)	**хара**	[hara]
hol (het)	**lуьрг**	[əyrg]
mierenhoop (de)	**туьйлиг**	[tyjlig]

Flora

186. Bomen

boom (de)	**дитт**	[dit:]
loof- (abn)	**гӀаш долу**	[ɣaʃ dɔlu]
dennen- (abn)	**баганан**	[baganan]
groenblijvend (bn)	**гуттар сийна**	[gut:ar si:na]
appelboom (de)	**Ӏаж**	[əaʒ]
perenboom (de)	**кхор**	[qɔr]
kers (de)	**балл**	[bal:]
pruimelaar (de)	**хьач**	[hatʃ]
berk (de)	**дакх**	[daq]
eik (de)	**наж**	[naʒ]
linde (de)	**хьех**	[heh]
esp (de)	**мах**	[mah]
esdoorn (de)	**къахк**	[qhahk]
spar (de)	**база**	[baza]
den (de)	**зез**	[zez]
lariks (de)	**бага**	[baga]
zilverspar (de)	**пихта**	[pihta]
ceder (de)	**кедр**	[kedr]
populier (de)	**талл**	[tal:]
lijsterbes (de)	**датта**	[dat:a]
wilg (de)	**дак**	[dak]
els (de)	**маъ**	[ma]
beuk (de)	**поп**	[pɔp]
iep (de)	**муьшдечиг**	[myʃdetʃig]
es (de)	**къахьашту**	[qhahaʃtu]
kastanje (de)	**каштан**	[kaʃtan]
magnolia (de)	**магноли**	[magnɔli]
palm (de)	**пальма**	[paʎma]
cipres (de)	**кипарис**	[kiparis]
mangrove (de)	**мангрови дитт**	[maŋrɔwi dit:]
baobab (apenbroodboom)	**баобаб**	[baɔbab]
eucalyptus (de)	**эквалипт**	[ɛkvalipt]
mammoetboom (de)	**секвойя**	[sekvɔja]

187. Heesters

struik (de)	**колл**	[kɔl:]
heester (de)	**колл**	[kɔl:]

wijnstok (de)	**кемсаш**	[kemsaʃ]
wijngaard (de)	**кемсийн беш**	[kemsi:n beʃ]
frambozenstruik (de)	**цlен комар**	[ʦhen kɔmar]
rode bessenstruik (de)	**цlен кхезарш**	[ʦhen qezarʃ]
kruisbessenstruik (de)	**кlудалгаш**	[k:udalgaʃ]
acacia (de)	**акаци**	[akaʦi]
zuurbes (de)	**муьстарг**	[mystarg]
jasmijn (de)	**жасмин**	[ʒasmin]
jeneverbes (de)	**жlолам**	[ʒəɔlam]
rozenstruik (de)	**розанийн кол**	[rɔzani:n kɔl]
hondsroos (de)	**хьармак**	[harmak]

188. Champignons

paddenstoel (de)	**жlаьлин нускал**	[ʒəælin nuskal]
eetbare paddenstoel (de)	**даа мегаш долу жlаьлин нускал**	[da: megaʃ dɔlu ʒəælin nuskal]
giftige paddenstoel (de)	**дlовше жlаьлин нускал**	[dəɔvʃə ʒəælin nuskal]
hoed (de)	**жlаьлин нускалан корта**	[ʒəælin nuskalan kɔrta]
steel (de)	**жlаьлин нускалан кога**	[ʒəælin nuskalan kɔga]
gewoon eekhoorntjesbrood (het)	**кlайн жlаьлин нускал**	[k:ajn ʒəælin nuskal]
rosse populierenboleet (de)	**подосиновик**	[pɔdɔsinɔwik]
berkenboleet (de)	**подберёзовик**	[pɔdberɜzɔwik]
cantharel (de)	**лисичка**	[lisiʧka]
russula (de)	**буьйдалг**	[byjdalg]
morille (de)	**сморчок**	[smɔrʧɔk]
vliegenzwam (de)	**мухомор**	[muhomɔr]
groene knolzwam (de)	**поганка**	[pɔgaŋka]

189. Vruchten. Bessen

vrucht (de)	**стом**	[stɔm]
vruchten (mv.)	**стоьмаш**	[stømaʃ]
appel (de)	**lаж**	[əaʒ]
peer (de)	**кхор**	[qɔr]
pruim (de)	**хьач**	[haʧ]
aardbei (de)	**цlазам**	[ʦhazam]
kers (de)	**балл**	[bal:]
druif (de)	**кемсаш**	[kemsaʃ]
framboos (de)	**цlен комар**	[ʦhen kɔmar]
zwarte bes (de)	**lаьржа кхезарш**	[əærʒa qezarʃ]
rode bes (de)	**цlен кхезарш**	[ʦhen qezarʃ]
kruisbes (de)	**кlудалгаш**	[k:udalgaʃ]
veenbes (de)	**клюква**	[klykva]

sinaasappel (de)	**апельсин**	[apeʎsin]
mandarijn (de)	**мандарин**	[mandarin]
ananas (de)	**ананас**	[ananas]
banaan (de)	**банан**	[banan]
dadel (de)	**хурма**	[hurma]
citroen (de)	**лимон**	[limɔn]
abrikoos (de)	**туьрк**	[tyrk]
perzik (de)	**гlаммагlа**	[ɣam:aɣa]
kiwi (de)	**киви**	[kiwi]
grapefruit (de)	**грейпфрут**	[grejpfrut]
bes (de)	**цlазам**	[ʦhazam]
bessen (mv.)	**цlазамаш**	[ʦhazamaʃ]
vossenbes (de)	**брусника**	[brusnika]
bosaardbei (de)	**пхьагал-цlазам**	[phagal ʦhazam]
bosbes (de)	**lаьржа балл**	[əærʒa bal:]

190. Bloemen. Planten

bloem (de)	**зезеаг**	[zezeag]
boeket (het)	**курс**	[kurs]
roos (de)	**роза**	[rɔza]
tulp (de)	**алцlензlам**	[alʦhenzəam]
anjer (de)	**гвоздика**	[gvɔzdika]
gladiool (de)	**гладиолус**	[gladiɔlus]
korenbloem (de)	**сендарг**	[sendarg]
klokje (het)	**тухтати**	[tuhtati]
paardenbloem (de)	**баппа**	[bap:a]
kamille (de)	**кlайдарг**	[k:ajdarg]
aloë (de)	**алоэ**	[alɔɛ]
cactus (de)	**кактус**	[kaktus]
ficus (de)	**фикус**	[fikus]
lelie (de)	**лили**	[lili]
geranium (de)	**герань**	[geraɲ]
hyacint (de)	**гиацинт**	[giaʦint]
mimosa (de)	**мимоза**	[mimɔza]
narcis (de)	**нарцисс**	[narʦis:]
Oostindische kers (de)	**настурция**	[nasturʦi]
orchidee (de)	**орхидей**	[ɔrhidej]
pioenroos (de)	**цlен лерг**	[ʦhen lerg]
viooltje (het)	**тобалкх**	[tɔbalq]
driekleurig viooltje (het)	**анютийн бlаьргаш**	[anyti:n bəærgaʃ]
vergeet-mij-nietje (het)	**незабудка**	[nezabudka]
madeliefje (het)	**маргаритка**	[margaritka]
papaver (de)	**петlамат**	[pethamat]
hennep (de)	**кlомал**	[k:ɔmal]

munt (de)	**Іаждарбуц**	[əaʒdarbuʦ]
lelietje-van-dalen (het)	**чІегІардиган кІа**	[ʧheɣardigan k:a]
sneeuwklokje (het)	**лайн зезаг**	[lajn zezag]
brandnetel (de)	**нитташ**	[nit:aʃ]
veldzuring (de)	**муьстарг**	[mystarg]
waterlelie (de)	**кувшинка**	[ku:ʃiŋka]
varen (de)	**чураш**	[ʧuraʃ]
korstmos (het)	**корсам**	[kɔrsam]
oranjerie (de)	**оранжерей**	[ɔranʒerej]
gazon (het)	**бешмайда**	[beʃmajda]
bloemperk (het)	**хас**	[has]
plant (de)	**орамат**	[ɔramat]
gras (het)	**буц**	[buʦ]
grasspriet (de)	**бецан хелиг**	[beʦan helig]
blad (het)	**гІа**	[ɣa]
bloemblad (het)	**жаз**	[ʒaz]
stengel (de)	**гІодам**	[ɣɔdam]
knol (de)	**орамстом**	[ɔramstɔm]
scheut (de)	**зІийдиг**	[zəi:dig]
doorn (de)	**кІохцал**	[k:ɔhʦal]
bloeien (ww)	**заза даккха**	[zaza dak:a]
verwelken (ww)	**маргІалдола**	[marɣaldɔla]
geur (de)	**хьожа**	[hɔʒa]
snijden (bijv. bloemen ~)	**дІахадо**	[dəahadɔ]
plukken (bloemen ~)	**схьадаккха**	[shadak:a]

191. Granen, graankorrels

graan (het)	**буьртиг**	[byrtig]
graangewassen (mv.)	**буьртиган ораматаш**	[byrtigan ɔramataʃ]
aar (de)	**кан**	[kan]
tarwe (de)	**кІа**	[k:a]
rogge (de)	**божан**	[bɔʒan]
haver (de)	**сула**	[sula]
gierst (de)	**борц**	[bɔrʦ]
gerst (de)	**мукх**	[muq]
maïs (de)	**хьаьжкІа**	[hæʒk:a]
rijst (de)	**дуга**	[duga]
boekweit (de)	**цІен дуга**	[ʦhen duga]
erwt (de)	**кхоьш**	[qøʃ]
boon (de)	**кхоь**	[qø]
soja (de)	**кхоь**	[qø]
linze (de)	**хьоьзийн кхоьш**	[høzi:n qøʃ]
bonen (mv.)	**кхоьш**	[qøʃ]

REGIONALE AARDRIJKSKUNDE

Landen. Nationaliteiten

192. Politiek. Overheid. Deel 1

politiek (de)	**политика**	[pɔlitika]
politiek (bn)	**политически**	[pɔlitiʧeski]
politicus (de)	**политик**	[pɔlitik]
staat (land)	**пачхьалкх**	[paʧhalq]
burger (de)	**гражданин**	[graʒdanin]
staatsburgerschap (het)	**гражданалла**	[graʒdanal:a]
nationaal wapen (het)	**къаьмнийн герб**	[qhæmni:n gerb]
volkslied (het)	**пачхьалкхан гимн**	[paʧhalqan gimn]
regering (de)	**правительство**	[prawiteʎstvɔ]
staatshoofd (het)	**мехкан куьйгалхо**	[mehkan kyjgalho]
parlement (het)	**парламент**	[parlament]
partij (de)	**парти**	[parti]
kapitalisme (het)	**капитализм**	[kapitalizm]
kapitalistisch (bn)	**капиталистийн**	[kapitalisti:n]
socialisme (het)	**социализм**	[sɔʦializm]
socialistisch (bn)	**социалистийн**	[sɔʦialisti:n]
communisme (het)	**коммунизм**	[kɔm:unizm]
communistisch (bn)	**коммунистически**	[kɔm:unistiʧeski]
communist (de)	**коммунист**	[kɔm:unist]
democratie (de)	**демократи**	[demɔkrati]
democraat (de)	**демократ**	[demɔkrat]
democratisch (bn)	**демократийн**	[demɔkrati:n]
democratische partij (de)	**демократийн парти**	[demɔkrati:n parti]
liberaal (de)	**либерал**	[liberal]
liberaal (bn)	**либералийн**	[liberali:n]
conservator (de)	**консерватор**	[kɔnservatɔr]
conservatief (bn)	**консервативни**	[kɔnservativni]
republiek (de)	**республика**	[respublika]
republikein (de)	**республикахо**	[respublikaho]
Republikeinse Partij (de)	**республикански парти**	[respublikanski parti]
verkiezing (de)	**харжамаш**	[harʒamaʃ]
kiezen (ww)	**харжа**	[harʒa]
kiezer (de)	**харжамхо**	[harʒamho]

verkiezingscampagne (de)	**харжамийн компани**	[harʒami:n kɔmpani]
stemming (de)	**кхаж тасар**	[qaʒ tasar]
stemmen (ww)	**кхаж таса**	[qaʒ tasa]
stemrecht (het)	**бакъо**	[baqhɔ]
kandidaat (de)	**кандидат**	[kandidat]
zich kandideren	**хоржуш хила**	[horʒuʃ hila]
campagne (de)	**компани**	[kɔmpani]
oppositie- (abn)	**оппозиционни**	[ɔp:ɔzitsiɔŋi]
oppositie (de)	**оппозици**	[ɔp:ɔzitsi]
bezoek (het)	**визит**	[wizit]
officieel bezoek (het)	**леррина визит**	[ler:ina wizit]
internationaal (bn)	**гӀаланашна юккъера**	[ɣalanaʃna jukqhera]
onderhandelingen (mv.)	**дагадовлар**	[dagadɔvlar]
onderhandelen (ww)	**дагабовла**	[dagabɔvla]

193. Politiek. Overheid. Deel 2

maatschappij (de)	**юкъаралла**	[juqharal:a]
grondwet (de)	**конституци**	[kɔnstitutsi]
macht (politieke ~)	**Ӏедал**	[əedal]
corruptie (de)	**коррупци**	[kɔr:uptsi]
wet (de)	**закон**	[zakɔn]
wettelijk (bn)	**законехь**	[zakɔneh]
rechtvaardigheid (de)	**нийсо**	[ni:sɔ]
rechtvaardig (bn)	**нийса**	[ni:sa]
comité (het)	**комитет**	[kɔmitet]
wetsvoorstel (het)	**законопроект**	[zakɔnɔprɔekt]
begroting (de)	**бюджет**	[byʤet]
beleid (het)	**политика**	[pɔlitika]
hervorming (de)	**хийцар**	[hi:tsar]
radicaal (bn)	**кӀорггера**	[k:ɔrg:era]
macht (vermogen)	**ницкъ**	[nitsqh]
machtig (bn)	**чӀоргӀа**	[ʧhɔɣa]
aanhanger (de)	**агӀонча**	[aɣɔnʧa]
invloed (de)	**Ӏаткъар**	[əatqhar]
regime (het)	**дӀахӀоттам**	[dəahɔt:am]
conflict (het)	**конфликт**	[kɔnflikt]
samenzwering (de)	**къайлаха барт**	[qhajlaha bart]
provocatie (de)	**питана**	[pitana]
omverwerpen (ww)	**дӀадаккха**	[dəadak:a]
omverwerping (de)	**дӀадаккхар**	[dəadak:ar]
revolutie (de)	**революци**	[revɔlytsi]
staatsgreep (de)	**хийцам бар**	[hi:tsam bar]
militaire coup (de)	**тӀеман хийцам бар**	[theman hi:tsam bar]

crisis (de)	**кризис**	[krizis]
economische recessie (de)	**экономикин лахдалар**	[ɛkɔnɔmikin lahdalar]
betoger (de)	**демонстрант**	[demɔnstrant]
betoging (de)	**демонстраци**	[demɔnstratsi]
krijgswet (de)	**тlеман хьал**	[theman hal]
militaire basis (de)	**база**	[baza]
stabiliteit (de)	**чlоагlа хилар**	[ʧhɔaɣa hilar]
stabiel (bn)	**чlоагlделла**	[ʧhɔaɣdel:a]
uitbuiting (de)	**эксплуатаци**	[ɛkspluatatsi]
uitbuiten (ww)	**дацо**	[datsɔ]
racisme (het)	**расизм**	[rasizm]
racist (de)	**расизмхо**	[rasizmho]
fascisme (het)	**фашизм**	[faʃizm]
fascist (de)	**фашизмхо**	[faʃizmho]

194. Landen. Diversen

vreemdeling (de)	**арахьарниг**	[araharnig]
buitenlands (bn)	**кхечу мехкан**	[qeʧu mehkan]
in het buitenland (bw)	**дозанал дехьа**	[dɔzanal deha]
emigrant (de)	**эмигрант**	[ɛmigrant]
emigratie (de)	**эмиграци**	[ɛmigratsi]
emigreren (ww)	**эмиграци ян**	[ɛmigratsi jan]
Westen (het)	**Малхбузе**	[malhbuze]
Oosten (het)	**Малхбале**	[malhbale]
Verre Oosten (het)	**Гена-Малхбале**	[gena malhbale]
beschaving (de)	**цивилизаци**	[tsiwilizatsi]
mensheid (de)	**адамалла**	[adamal:a]
wereld (de)	**lалам**	[əalam]
vrede (de)	**машар**	[maʃar]
wereld- (abn)	**дуьненан**	[dynenan]
vaderland (het)	**даймохк**	[dajmɔhk]
volk (het)	**халкъ**	[halqh]
bevolking (de)	**бахархой**	[baharhɔj]
mensen (mv.)	**нах**	[nah]
natie (de)	**къам**	[qham]
generatie (de)	**тlаьхье**	[thæhe]
gebied (bijv. bezette ~en)	**латта**	[lat:a]
regio, streek (de)	**регион**	[regiɔn]
deelstaat (de)	**штат**	[ʃtat]
traditie (de)	**ламаст**	[lamast]
gewoonte (de)	**lадат**	[əadat]
ecologie (de)	**экологи**	[ɛkɔlɔgi]
Indiaan (de)	**индей**	[indej]
zigeuner (de)	**цигон**	[tsigɔn]

zigeunerin (de)	**цигон**	[ʦigɔn]
zigeuner- (abn)	**цигонийн**	[ʦigɔni:n]
rijk (het)	**импери**	[imperi]
kolonie (de)	**колони**	[kɔlɔni]
slavernij (de)	**лолла**	[lɔl:ɑ]
invasie (de)	**тӀелатар**	[thelatɑr]
hongersnood (de)	**мацалла**	[maʦal:ɑ]

195. Grote religieuze groepen. Bekentenissen

religie (de)	**дин**	[din]
religieus (bn)	**динан**	[dinɑn]
geloof (het)	**динах тешар**	[dinɑh teʃɑr]
geloven (ww)	**теша**	[teʃɑ]
gelovige (de)	**делах тешарг**	[delɑh teʃɑrg]
atheïsme (het)	**атеизм**	[ɑteizm]
atheïst (de)	**атеист**	[ɑteist]
christendom (het)	**керсталла**	[kerstɑl:ɑ]
christen (de)	**керста**	[kerstɑ]
christelijk (bn)	**керстанан**	[kerstɑnɑn]
katholicisme (het)	**Католизм**	[katɔlizm]
katholiek (de)	**католик**	[katɔlik]
katholiek (bn)	**католикийн**	[katɔliki:n]
protestantisme (het)	**Протестанство**	[prɔtestɑnstvɔ]
Protestante Kerk (de)	**Протестантийн килс**	[prɔtestɑnti:n kils]
protestant (de)	**протестант**	[prɔtestɑnt]
orthodoxie (de)	**Керста дин**	[kerstɑ din]
Orthodoxe Kerk (de)	**Керста килс**	[kerstɑ kils]
orthodox	**керстанан**	[kerstɑnɑn]
presbyterianisme (het)	**Пресвитерианство**	[preswiteriɑnstvɔ]
Presbyteriaanse Kerk (de)	**Пресвитерианийн килс**	[preswiteriɑni:n kils]
presbyteriaan (de)	**пресвитерианин**	[preswiteriɑnin]
lutheranisme (het)	**Лютерианийн килс**	[lyteriɑni:n kils]
lutheraan (de)	**лютерианин**	[lyteriɑnin]
baptisme (het)	**Баптизм**	[bɑptizm]
baptist (de)	**баптист**	[bɑptist]
Anglicaanse Kerk (de)	**Ингалсан килс**	[iŋɑlsɑn kils]
anglicaan (de)	**англиканин**	[ɑŋlikɑnin]
mormonisme (het)	**Мормонство**	[mɔrmɔnstvɔ]
mormoon (de)	**мормон**	[mɔrmɔn]
Jodendom (het)	**Иудаизм**	[iudɑizm]
jood (aanhanger van het Jodendom)	**жугти**	[ʒugti]

boeddhisme (het)	**Буддизм**	[bud:izm]
boeddhist (de)	**буддист**	[bud:ist]
hindoeïsme (het)	**Индуизм**	[induizm]
hindoe (de)	**индуист**	[induist]
islam (de)	**Ислам**	[islɑm]
islamiet (de)	**бусалба**	[busɑlbɑ]
islamitisch (bn)	**бусалбанийн**	[busɑlbɑni:n]
sjiisme (het)	**Шиизм**	[ʃi:zm]
sjiiet (de)	**шиизмхо**	[ʃi:zmho]
soennisme (het)	**Суннаталла**	[suŋɑtɑl:ɑ]
soenniet (de)	**суннатхо**	[suŋɑtho]

196. Religies. Priesters

priester (de)	**мозгIар**	[mɔzɣɑr]
paus (de)	**Римера папа**	[rimerɑ pɑpɑ]
monnik (de)	**монах**	[mɔnɑh]
non (de)	**монах**	[mɔnɑh]
pastoor (de)	**пастор**	[pɑstɔr]
abt (de)	**аббат**	[ɑb:ɑt]
vicaris (de)	**викари**	[wikɑri]
bisschop (de)	**епископ**	[episkɔp]
kardinaal (de)	**кардинал**	[kɑrdinɑl]
predikant (de)	**кхайкхорхо**	[qɑjqɔrhɔ]
preek (de)	**кхайкхор**	[qɑjqɔr]
kerkgangers (mv.)	**килсе оьхурш**	[kilse øhurʃ]
gelovige (de)	**делах тешарг**	[delɑh teʃɑrg]
atheïst (de)	**атеист**	[ɑteist]

197. Geloof. Christendom. Islam

Adam	**Адам**	[ɑdɑm]
Eva	**Хьава**	[hɑvɑ]
God (de)	**Дела**	[delɑ]
Heer (de)	**АллахI**	[ɑl:ɑh]
Almachtige (de)	**Дела**	[delɑ]
zonde (de)	**къа**	[qhɑ]
zondigen (ww)	**къинош лето**	[qhinɔʃ letɔ]
zondaar (de)	**къинош дерг**	[qhinɔʃ derg]
zondares (de)	**къинош дерг**	[qhinɔʃ derg]
hel (de)	**жоьжахати**	[ʒøʒɑhɑti]
paradijs (het)	**ялсамани**	[jɑlsɑmɑni]

Jezus	**Иисус**	[i:sus]
Jezus Christus	**Иисус Христос**	[i:sus hristɔs]
Heilige Geest (de)	**Деза Са**	[deza sa]
Verlosser (de)	**Кlелхьардаьккхинарг**	[k:elhardæk:inarg]
Maagd Maria (de)	**Іийса-пайхамаран нана**	[əi:sa pajhamaran nana]
duivel (de)	**Шайтlа**	[ʃajtha]
duivels (bn)	**шайтlан**	[ʃajthan]
Satan	**Йилбаз**	[jılbaz]
satanisch (bn)	**йилбазан**	[jılbazan]
engel (de)	**малик**	[malik]
beschermengel (de)	**малик-лардархо**	[malik lardarhɔ]
engelachtig (bn)	**маликан**	[malikan]
apostel (de)	**апостол**	[apɔstɔl]
aartsengel (de)	**архангел**	[arhaŋel]
antichrist (de)	**дажал**	[daʒal]
Kerk (de)	**Килс**	[kils]
bijbel (de)	**Библи**	[bibli]
bijbels (bn)	**библин**	[biblin]
Oude Testament (het)	**Къена Весет**	[qhena weset]
Nieuwe Testament (het)	**Керла Весет**	[kerla weset]
evangelie (het)	**Инжил**	[inʒil]
Heilige Schrift (de)	**Жайна**	[ʒajna]
Hemel, Hemelrijk (de)	**Стигал, Стигалан Паччахьалла**	[stigal], [stigalan patʃahal:a]
gebod (het)	**весет**	[weset]
profeet (de)	**пайхмар**	[pajhmar]
profetie (de)	**пайхмаралла**	[pajhmaral:a]
Allah	**Аллахl**	[al:ah]
Mohammed	**Мухьаммад**	[muham:ad]
Koran (de)	**Къорlан**	[qhɔrəan]
moskee (de)	**маьждиг**	[mæʒdig]
moellah (de)	**молла**	[mɔl:a]
gebed (het)	**ламаз**	[lamaz]
bidden (ww)	**ламаз дан**	[lamaz dan]
pelgrimstocht (de)	**Хьаьжцlа вахар**	[hæʒtsha vahar]
pelgrim (de)	**хьаьжа**	[hæʒa]
Mekka	**Макка**	[mak:a]
kerk (de)	**килс**	[kils]
tempel (de)	**зиярат**	[zijarat]
kathedraal (de)	**килс**	[kils]
gotisch (bn)	**готически**	[gɔtitʃeski]
synagoge (de)	**синагога**	[sinagɔga]
moskee (de)	**маьждиг**	[mæʒdig]
kapel (de)	**килс**	[kils]
abdij (de)	**аббатство**	[ab:atstvɔ]

nonnenklooster (het)	**монастырь**	[mɔnastɪrʲ]
mannenklooster (het)	**монастырь**	[mɔnastɪrʲ]
klok (de)	**горгал**	[gɔrgal]
klokkentoren (de)	**мамсар**	[mamsar]
luiden (klokken)	**детта**	[det:a]
kruis (het)	**жlара**	[ʒəara]
koepel (de)	**бохь**	[bɔh]
icoon (de)	**икона**	[ikɔna]
ziel (de)	**са**	[sa]
lot, noodlot (het)	**кхел**	[qel]
kwaad (het)	**вон**	[vɔn]
goed (het)	**диканиг**	[dikanig]
vampier (de)	**убар**	[ubar]
heks (de)	**гlам**	[ɣam]
demoon (de)	**йилбаз**	[jɪlbaz]
duivel (de)	**шайтlа**	[ʃajtha]
geest (de)	**са**	[sa]
verzoeningsleer (de)	**къинойх цlандалар**	[qhinɔjh ʦhandalar]
vrijkopen (ww)	**цlандала**	[ʦhandala]
mis (de)	**гlуллакх**	[ɣul:aq]
de mis opdragen	**гlуллакх дан**	[ɣul:aq dan]
biecht (de)	**дохковалар**	[dɔhkɔvalar]
biechten (ww)	**дохкодала**	[dɔhkɔdala]
heilige (de)	**эвлаяъ**	[ɛvlaja]
heilig (bn)	**деза**	[deza]
wijwater (het)	**деза хи**	[deza hi]
ritueel (het)	**lадат**	[əadat]
ritueel (bn)	**lадатан**	[əadatan]
offerande (de)	**сагlа даккхар**	[saɣa dak:ar]
bijgeloof (het)	**доьгlначух тешар**	[døɣnaʧuh teʃar]
bijgelovig (bn)	**доьгlначух теша**	[døɣnaʧuh teʃa]
hiernamaals (het)	**эхартара дахар**	[ɛhartara dahar]
eeuwige leven (het)	**даим дахар**	[daim dahar]

DIVERSEN

198. Diverse nuttige woorden

achtergrond (de)	**фон**	[fɔn]
balans (de)	**баланс**	[balans]
basis (de)	**лард**	[lard]
begin (het)	**юьхь**	[juh]
beurt (wie is aan de ~?)	**рагӀ**	[raɣ]
categorie (de)	**категори**	[kategɔri]
comfortabel (~ bed, enz.)	**беГӀийла**	[beɣi:la]
compensatie (de)	**меттахӀоттор**	[met:ahɔt:ɔr]
deel (gedeelte)	**дакъа**	[daqha]
deeltje (het)	**дакъалг**	[daqhalg]
ding (object, voorwerp)	**хӀума**	[huma]
dringend (bn, urgent)	**сиха**	[siha]
dringend (bw, met spoed)	**чехка**	[ʧehka]
effect (het)	**эффект**	[ɛf:ekt]
eigenschap (kwaliteit)	**башхало**	[baʃhalɔ]
einde (het)	**чаккхе**	[ʧak:e]
element (het)	**элемент**	[ɛlement]
feit (het)	**хилларг**	[hil:arg]
fout (de)	**гӀалат**	[ɣalat]
geheim (het)	**къайле**	[qhajle]
graad (mate)	**дарж**	[darʒ]
groei (ontwikkeling)	**дегӀ даккхар**	[deɣ dak:ar]
hindernis (de)	**дуьхьало**	[dyhalɔ]
hinderpaal (de)	**новкъарло**	[nɔvqharlɔ]
hulp (de)	**гӀо**	[ɣɔ]
ideaal (het)	**идеал**	[ideal]
inspanning (de)	**гӀора**	[ɣɔra]
keuze (een grote ~)	**харжар**	[harʒar]
labyrint (het)	**лабиринт**	[labirint]
manier (de)	**кеп**	[kep]
moment (het)	**юкъ**	[juqh]
nut (bruikbaarheid)	**пайда**	[pajda]
onderscheid (het)	**башхалла**	[baʃhal:a]
ontwikkeling (de)	**кхиам**	[qiam]
oplossing (de)	**дар**	[dar]
origineel (het)	**оригинал**	[ɔriginal]
pauze (de)	**садагӀа**	[satsanɣa]
positie (de)	**хьал**	[hal]
principe (het)	**принцип**	[printsip]

probleem (het)	**проблема**	[prɔblema]
proces (het)	**процесс**	[prɔtses:]
reactie (de)	**реакци**	[reaktsi]
reden (om ~ van)	**бахьана**	[bahana]
risico (het)	**кхерам**	[qeram]
samenvallen (het)	**нисдалар**	[nisdalar]
serie (de)	**сери**	[seri]
situatie (de)	**хьал**	[hal]
soort (bijv. ~ sport)	**тайпа**	[tajpa]
standaard (bn)	**стандартан**	[standartan]
standaard (de)	**стандарт**	[standart]
stijl (de)	**стиль**	[stiʎ]
stop (korte onderbreking)	**садаlар**	[sadaəar]
systeem (het)	**къепе**	[qhepe]
tabel (bijv. ~ van Mendelejev)	**таблица**	[tablitsa]
tempo (langzaam ~)	**болар**	[bɔlar]
term (medische ~en)	**термин**	[termin]
type (soort)	**тайпа**	[tajpa]
variant (de)	**вариант**	[variant]
veelvuldig (bn)	**кест-кеста**	[kest kesta]
vergelijking (de)	**дустар**	[dustar]
voorbeeld (het goede ~)	**масал**	[masal]
voortgang (de)	**прогресс**	[prɔgres:]
voorwerp (ding)	**хlума**	[huma]
vorm (uiterlijke ~)	**форма**	[fɔrma]
waarheid (de)	**бакъдерг**	[baqhderg]
zone (de)	**зона**	[zɔna]

www.ingramcontent.com/pod-product-compliance
Lightning Source LLC
LaVergne TN
LVHW051311080426
835509LV00020B/3219